신문고(申聞鼓)를 울리다
〈북의 남침전략〉

신문고를 울리다
(북의 남침전략)

초판 1쇄 인쇄 2019년 5월 15일
초판 1쇄 발행 2019년 5월 20일

지은이 김철희
펴낸이 金泰奉
펴낸곳 한솜미디어
등록   제5-213호

편집   박창서 김수정
마케팅 김명준
홍보   김태일

주소   05044 서울시 광진구 아차산로413
        (구의동 243-22)
전화   02)454-0492(代)
팩스   02)454-0493
이메일 hansom@hansom.co.kr
홈페이지 www.hansom.co.kr

값 12,000원
ISBN 978-89-5959-510-5 (03340)

* 잘못 만들어진 책은 구입하신 서점에서 바꿔드립니다.
* 이 책은 아모레퍼시픽의 아리따 글꼴을 사용하여 편집되었습니다.

申聞鼓
신문고를 울리다
〈북의 남침전략〉

김철희 지음

한솜미디어

| 머 리 말 |

 이 나라는 지금 6·25동란 이후 최대 위기에 처해 있습니다. 북(北)의 김정은은 모든 남침(南侵) 준비를 마치고 결정적 시기만을 노리고 있습니다. 먼저 낮은 단계 연방제(聯邦制)의 흉계로 적화(赤化)시키려 하고 있으며 그것이 수월하지 않을 경우, 무력으로 남침 통일하고자 만반의 준비를 하고 대기하고 있습니다.

 현 정부는 북(北)에 말려들어 전방의 GOP를 다 제거하였고 지뢰밭을 제거하는 등 북의 꼬임에 넘어가고 있으며 낮은 단계 연방제안을 거의 수용하고 있는 상태입니다. 북의 군사력은 우리보다 강하고 우리 내부에는 북한에 호응하는 베트콩과 같은 강력한 종북(從北)세력이 도사리고 있으며 강력한 북의 지하당(地下黨)이 구축되어 북의 간첩이 각계각층에 들어가지 않은 곳이 없다고 생각됩니다. 그래서 정부기관에 강력한 간첩망(間諜網)이 형성되어 우리의 모든 비밀이 북에 전달되고 있으며 우리의 약점을 포착하여 하나둘 약체화(弱體化)시켜 가고 있습니다.

 더불어 북한은 그동안 우리의 방파제 역할을 해오고 있는 주한미군을 철수시키고자 전력을 다하고 있습니다. 그들에게는 핵미사일이라는 강력한 수단이 확보되어 있어서 이것을 이용하여 현재까지 미국과 흥정하고 있습니다. 핵미사일을 만든 목적은 미군을 철수시키기 위하여 만들어진 것입니다. 먼저 종전선언을 이끌어내고 그 다음에는 평화협정을 체결하여 미군을 철수시킬 계획을 하고 있습니다. 미국까지 도달하는 대륙간탄도탄(大陸間彈導彈)까지 만든 것을 미루어 볼 때 미국과의 북핵 회담을 추진하는 과정에서 평화협정을 이끌어낼 가능성은 다분(多分)합니다. 그 후에는 북핵 문제 하나하나를 해결해 가는 과정에서 미군 철수까지 실현하고자 전력을 다할 것이며 앞으로도 그 가능성은 배제할 수 없을 것으로 보입니다.

이 중대하고 위급한 때에 국력을 다하여 대미외교를 강화해 한미 유대를 더욱 튼튼히 해야 하는데 현 정부는 전시작전통제권을 조기에 이양받고자 이미 한미국방장관회의에서 원칙적인 합의를 이룬 상태입니다. 전시작전통제권을 이양받게 되면 한미연합사령부가 해체되고 UN 깃발이 내려지며, 만일 북이 남침 시에는 일본에 있는 미군 후방사령부의 탄약 지원을 비롯한 각종 지원을 받기 어려워집니다.

더구나 미군의 한국방위에 대한 의지가 약화될 것이며 한국 철수에 대한 가능성도 그만큼 커질 것으로 보입니다. 어떻게 해서든지 미국으로 하여 한국방위에 대한 결의를 공고히 다지게 해야 할 시기에 찬물을 끼얹는 행위를 한다는 것은 그만큼 한국방위를 위한 의지력이 약화되는 것을 의미합니다.

더 우려되는 점은 현 정권입니다. 악착같이 대미외교를 전개하여 한국방위를 공고히 해야 하는데 이것을 기대하는 것이 다소 어려울 듯 싶습니다. 만일 미군이 철수하는 사태가 발생할 경우 한국방위의 방파제가 무너져 북의 남침이 현실화될 것입니다. 그리고 크게 우려되는 일은 남한에 이미 수십 년 전부터 북의 남침 땅굴이 대대적으로 침투한 것입니다.

그동안 수없이 남침 땅굴에 대하여 구체적으로 보고하고 또 보고한 바 있으나 간첩에 농락당하고 있는 어리석고 무능한 정부가 이에 대하여 제대로 파악조차 하지 않고 방치했던 까닭에 남한 온 국토의 지하가 북한의 남침 땅굴로 점령된 상태라고 판단됩니다. 서울에는 이미 30여 년 전부터 남침 땅굴이 침투하기 시작하여 지금 서울 지하는 남침 땅굴로 점령된 상태가 아닐지, 심지어는 한강 밑으로 거대한 땅굴이 침투하여 탱크까지도 남침 땅굴에서 대기 상태가 아닌지 우려될 정도입니다.

짐작하기로는 이미 약 20년 전에 부산까지 남침 땅굴이 침투되어 대기 상태일 것이라 예상됩니다. 특히 특수전부대 20만 명이 땅굴로 침투하여 북이 남침 시에 일거에 지상으로 나와 전국 동시 전장화, 정규·비정규전배합 전략으로 전후방에서 공격한다면 우리 국내는 아수라장이 되어 어떻게든 손

쓰기가 어려울 것입니다.

그동안 미군이 주둔해 있으므로 인해 적이 남침하지 못했는데 만일 미군이 철수해 그 전쟁 억지력이 허물어지면 그때가 바로 문제입니다. 월남에서와 같은 사태가 벌어질 우려가 다분합니다.

상기(上記)한 바와 같이 국가의 초비상 시를 맞이하여 가만히 있을 수 없기에 조금이라도 국가 안보에 도움이 되었으면 하여 천학비재(淺學菲才)임을 무릅쓰고 본서(本書)를 집필하기에 이르렀습니다. 조선 시대에 백성들이 매우 억울한 일이 생겼을 시 궁궐 앞에 마련되어 있는 신문고(申聞鼓)라는 북을 두드려 임금에게 직소한 사례를 회고하며 나라의 주인인 '국민'에게 오늘날의 위급한 실정을 알려 온 국민의 힘으로 이 어려운 국난(國難)을 극복하여 전화위복(轉禍爲福)의 계기로 삼고자 감히 이 책을 세상에 내보냅니다.

친애하는 국민 여러분! 다 같이 합심·협력하여 우리의 조국, 이 아름답고 정겨운 나라를 지켜 우리의 간절한 소원인 통일을 이루어 우리의 자손들에게 물려주시지 않겠습니까?

2018. 12. 20.
김철희 올림

차 례

신문고(申聞鼓)를 울리다
〈북의 남침전략〉

머리말 _ 004
제1장 남침 땅굴의 치명적 위험성 _ 011
제2장 북의 흉계 및 전략·전술 _ 055
제3장 한미동맹 강화 _ 087
제4장 간첩 및 종북주의자 활동 현황과 대책 _ 105
제5장 언론의 정상화 _ 147
제6장 국민의 안보의식 강화 _ 157
제7장 탈북자 적극 지원 _ 167

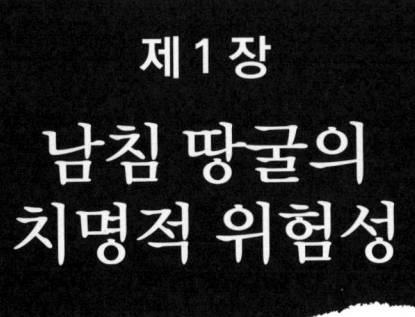

제 1 장
남침 땅굴의 치명적 위험성

북한은 김일성-김정일-김정은 3대에 걸쳐 시종일관 대남적화통일이라는 유일한 목적 달성을 위해 총력을 다해 왔습니다. 통일은 무력통일밖에 없다는 결론을 내린 지 오래이며 땅굴이야말로 가장 적합한 기습 수단이라고 확신하고 있습니다.

1959년 말경부터 남침 땅굴을 파기 시작하였고 김일성은 남침 땅굴 1개는 원자탄 10개보다 낫다고 하며 다음과 같이 남침 땅굴 굴착을 명령하였습니다.

김일성 명령 – 군사분계선 지하 관통 전투명령
(1971.8.25.)

"적 후방에 준비된 경보병부대 3개만 침투시켜도 원자탄 10개를 떨군 것보다 더 큰 위력과 효과를 걷을 수 있고, 이건 내가 지난 1969년 1월 인민군당 4기 4차 확대 전원회의에서도 강조한 말이오. 전쟁 발발과 함께 요새 진지로 강화된 군사분계선을 통과해서, 전후방을 강습, 교란하는 것이 전쟁에서 기선을 제압할 수 있는 주요 요인들 가운데 하나요. 유형은 세 가지로 하는 게 좋겠소.

첫째, 경보병 부대를 대거 침투시킬 수 있는 형태
둘째, 대남공작원을 침투시키기 위한 형태
셋째, 이 두 가지를 모두 수행할 수 있는 절충 형태

가 괜찮을 것이오. 늦어도 우리 당 창건 30주년 안으로 다 완성해야겠소. 이건 내 바람이고 동시에 동무들한테 주는 전투명령이오."

- 출처 : 제3땅굴 정보 제공한 귀순자의 증언

 북한에서 신과 같은 존재인 김일성의 명령이기에 군은 총력을 기울여 남침 땅굴을 파는 것에 전력을 다했습니다. 1970년대 초부터는 스웨덴, 스위스, 독일, 일본 등에서 자동굴착기(TBM) 약 300대를 구입해 사용해 왔으며 지금까지 60년이 넘도록 전 전선에 걸쳐 군단 및 사단별로 남침 땅굴 굴착을 진행하여 이미 기본적인 남침 땅굴을 완성한 것으로 보이지만 아직도 보수 및 확장공사를 지역에 따라 계속하고 있습니다.

민간탐사자들 남침 땅굴 탐사 시작

 1988년부터 고(故) 정○○(전 기무사 대공 수사관) 씨 및 고(故) 정○○ 소장(제6사단 시절 제2땅굴 발견자), 김○○ 씨, 강○○ 씨, 이○ 씨, 김○○ 씨, 윤○○ 씨, 김○○ 씨 등 많은 민간탐사자가 김포, 연천, 동두천, 화성 등 지역에서 남침 땅굴 탐사를 시작하여 수백 공(孔)을 시추하고 녹음한 결과, 땅굴 굴착음에 해당하는 착암기 소리, 폭파 소리, 자동 굴착기 소리, 사람 목소리, 갱차(坑車) 지나가는 소리 등이 녹음된 테이프를 다수 확보한 바 있습니다.

이 녹음테이프들은 지하 30~70m에서 녹음한 것이며 남침 땅굴 소리임을 쉽게 알 수 있습니다. 남굴사[1]에는 이러한 녹음테이프를 수백 개 보관 중입니다. 2000년을 전후하여 연천 지역에서 2개 처, 화성 지역에서 1개 처를 절개한 결과, 각종 증거와 땅굴임을 나타내는 녹음테이프 등 남침 땅굴의 확증을 얻은 바 있으며 상기한 연천 지역 이○○ 씨 집 마당에서 대(大)구경 파이프로 탐사한 결과, 38미터 지하에서 남침 땅굴을 발견하였고 〈연천에서 남침 땅굴 발견〉(2000.3.2.)이라는 제목하에 모 TV에 방영, 3일 후에는 뉴스 추적 시간에 특집 방영한 사례 또한 있습니다.

그리고 그 남침 땅굴 지점으로부터 약 600m 떨어진 임진강변에서 정○○ 씨 등이 40미터 정도의 굴을 굴착한 결과, 그 암반 밑에서 갈대와 실, 비닐 뭉치, 순간접착제 등이 발견된 것으로 볼 때 그곳 또한 남침 땅굴로 예상됩니다. 그 외에 많은 남침 땅굴에 대한 각종 증언과 정황 증거는 다음과 같습니다.

---

1) '남침 땅굴을 찾는 사람들'의 약칭

남침 땅굴에 대한 증언 및 각종 증거
– 한강 밑으로 대형 남침 땅굴 서울에 침투

1980년에서 1989년 사이에 탈북 귀순한 북한군 장교 3명의 증언은 다음과 같습니다.

(1) 1989년 9월 귀순한 소대장 김○○ 증언

"1987년부터 북한군 6사단 13연대(개성시 판문군)에서 소대장 근무 시 남침 땅굴이 화곡광산을 통해서 한강 밑으로 서울 근교에까지 갔다는 말을 군인들로부터 들었다."

(2) 1980년 9월 귀순한 이○○ 증언

"1972년 해군에서 제대하여 고향인 개성시 판문군에서 당세포비서, 직맹위원장 등의 직책으로 있을 때, 지도사업차 화곡광산에 간 일이 있는데, 그때 벽에 걸린 지도에서 본 기본 진도 현황은 한강 중심, 즉 군사분계선까지 진출했었고 기본 갱이 화곡광산에서 남쪽으로 직선으로 뻗어 있었고 좌우로 수십 개의 곁가지 광석 채취 길이 있었다. 당시 이곳은 북한에서 손꼽히는 1급 광산(금, 아연)이었으며, 노동자가 4천 명이나 되고 수입이 매우 양호한 광산임에도 불구하고 폐

쇄시켰는데, 중앙당에서 직접 관장하였고 화곡광산을 통해서 한강 밑으로 땅굴이 서울까지 갔다는 말을 여러 번 들었으며, 나도 확신하고 있다."

(3) 1989년 9월 귀순한 북한군 부소대장 김○○ 증언

"북한군 13연대 부소대장으로 있을 때, 화곡광산을 접수한 15연대 지휘부에 몇 번 가보았는데 그때 화곡광산을 통해서 남쪽으로 땅굴이 침투하였다는 말을 여러 번 들었고, 나 자신도 (그렇게) 믿고 있다. 1988년 나의 동료였던 15연대 경비소대장은 말하기를 화곡광산은 우리 연대 지역 내에 있지만 중앙당 소속의 사람들만 관여하는 특수지역이라고 했다. 중앙당 연락부 복장 차림의 사람들이 소련제 덤프트럭으로 버럭[2]을 운반하는 것을 수차례 목격했는데, 이 차는 화곡광산과 개성역 사이를 다니는 차로써 이미 폐광된 곳에서 막대한 양의 버럭을 운반한 것이다."

---

2) 버럭 : 광석이나 석탄을 캘 때 나오는 광물 성분이 섞이지 않은 잡돌

의정부에 남침 땅굴 침투

(4) 1996년 10월 호 〈월간조선〉에 의정부시 가능3동(미2사단 사령부 부근)에 거주했던 이○○ 씨가 1년 반 동안 자기 집 안방 지하에서 들려온 남침 땅굴 소리를 일기 형식으로 증언하였으며, 각종 땅굴 파는 소리, 폭파 소리, 갱차 지나가는 소리, "빨리 식사하러 가자", "날래 날래 타라우"라는 사람 목소리도 들었다고 증언하였습니다. 이것을 보면 누구나 남침 땅굴임을 인정하지 않을 수 없을 것입니다.

김포 반도에 남침 땅굴 침투

(5) 1988년 4월에서 1993년 11월까지 경기도 김포시 하성면 후평리 김○○ 씨 집 텃밭에서 4회 시추한 결과 아시아 시멘트회사 실험실 분석 지하 106~108m[3] 사이에서 인공 시멘트 물질을 발견하였고 녹음 결과 "이거 만지면 일만 일천 감전되지, 예, 예." 등 사람 목소리와 착암기 등 각종 기계 소리가 확인되었습니다.

---

3) 아시아 시멘트회사 실험실 분석

(6) 경기도 김포시 하성면 가금리 가택 지하에서 '드릴로 돌을 뚫는 듯한 소리'를 청취한 최○○ 씨 가족이 군에 신고하여 1986년에서 1989년 10월간 시추작업 결과 지하 92m 지점에서 인공 시멘트 물질을 발견하였습니다. 시추작업 후에는 청음기를 설치하였는데 2개월간 소음이 전혀 없다가 재차 굴착 소음이 발생했습니다.

(7) 1970년경 경기도 김포시 양촌읍 누산리에서 주민이 백토를 채취하다가 지하 동굴을 발견했는데 동굴은 한강 쪽으로 경사져 있고 상당히 큰 공간으로 보였으며 근처 주민들이 지하에서 여러 가지 진동과 소음을 청취하였다고 합니다.

1998년 12월, 절개 작업 결과 황토층 밑에서 겔만층을 발견하였는데 북의 역 대책 현상으로 추정됩니다. 목격한 주민들의 증언에 의하면 동굴 내벽이 반질반질하며 여러 인위적 현상을 보였는데, 월남의 땅굴과 유사했다고 합니다.

(8) 1995년 5월, 경기도 김포시 대곶면 석정1리 서○○ 씨 집 텃밭에서 시추업자가 우물을 시추하다가 지하 12~13m 높이의 공간을 발견하였는데, 7개 공 시추결과 3m 높이의 공간이 있는 것을 확인했던 사례가 있고,

동 지역은 황토층으로 지질학상 자연 공간이 생길 수 없으므로 인위적 공간임이 확실시됩니다.

(9) 2003년 10월, 탈북한 폭풍군단 출신자가 2001년 폭풍군단 복무 시 자신이 황해북도 곡산군 사현리에서 남으로 남침 땅굴 약 50km 굴착에 참여했었으며 땅굴은 폭 1.5m, 길이 44~50km 정도 공사가 진행된 상태였고 계속해서 공사가 진행 중이었다는 증언으로 미루어 볼 때, 땅굴은 이미 수도권 심장부에 도달했을 것으로 추정됩니다. 폭풍군단은 전쟁이 발발하면 남반부 전 지역에 제2전선을 형성하여 정치 공작 활동과 군사 활동을 벌이며 배후 교란 작전을 수행함과 동시에 충청북도와 경기도 일대를 장악하도록 계획되어 있다고 합니다.

철원에서 전북 지역까지 남침 땅굴 침투

(10) 탈북자 16명의 ○○사태에 대한 증언록인 『화려한 사기극의 실체 5·18』이라는 책에서 전 조선 작가, 동맹 작가가 증언한 바는 다음과 같습니다.

"내 고향 친구로부터 들은 바에 의하면 특수전부대에서 근무 시, 북한이 ○○사태를 확대시키기 위하여 추가로 파견한 특수전부대 23명에 포함되어 강원도 철원 쪽에서 땅굴로 들어가 이 땅굴을 통해서 남한 깊숙이 내려와 목표지점인 전주 지역 조금 못미처 어느 농촌 마을에 있는 출구로 밖에 나왔는데, 자기들을 영접한 사람은 늙은 내외였다고 증언하였습니다."[4]

행주산성, 화성 지역에 남침 땅굴 침투

(11) 1994년 5월, 국방부 장관의 과학기술 보좌관 은 행주산성 부근 땅속에서 들려온 남침 땅굴 기계음을 직접 확인했다고 증언했습니다.

(12) 2002년 11월, 화성 땅굴 절개 공사장에서 고(故) 정○○ 씨, 김○○ 남굴사 회장, 윤○○ 박사, 최○○ 기술책임자 등 4명이 앉아 있던 컨테이너 박스가 갑자기 크게 흔들리고 기계음이 약 20초 동안 진동하는 것을 들은 바 있다고 증언했습니다.

---

4) 『화려한 사기극의 실체 5·18』, 328쪽

(13) 2002년 5월 중순경, 화성 땅굴 공사 현장에서 약 700m 떨어진 민가(남굴사 회원인 차○○ 씨 댁) 안방 바닥 밑에서 약 1개월 동안 매일 새벽 4시경부터 6시경까지 갱차 지나가는 소리를 남굴사 회원 10명이 청취한 바 있습니다.

(14) 2002년 7월 20일경, 차○○ 씨 안방에서 이상한 소리가 들리기에 귀를 대고 들으니, "수령! 수령! 통일! 통일!" 등의 인민군 구호 외치는 소리가 몇 분간 들렸다고 수원지검에서 증언하였습니다.

귀순을 모색하던 북의 연천 지역 땅굴 책임자의 증언

(15) 2000년에 북한 국가보위부 소속으로 중국에 파견되어 탈북자 색출 업무를 수행하던 중 한국으로의 귀순을 모색하던 전 88여단 참모장 이○○ 상좌는 재임 중 연천 지역 땅굴 책임자로 있었으며, 1992년에 자신이 직접 연천읍까지의 땅굴을 확인한 바 있었고, 환자인 처를 탈북시킨 후 한국에 귀순을 모색하다가 2003년, 북의 요원에 의해 암살되었다고 합니다. 그가 생전에

제공한 정보는 다음과 같습니다.

① 1986년에 연천 지역 땅굴 책임자로 있었을 때, 그해에 연천읍까지의 땅굴 작업을 완료하였으며 자신이 직접 연천읍까지 가서 땅굴이 굴착된 것을 확인하였음.

② 1992년에 땅굴은 연천에서 파주로 가서 세 갈래로 갈라져 그중 하나는 청와대로 향하였음.

③ 땅굴 작업은 '갱도방어작업'이라고 호칭하고 작업자들은 남쪽으로 파는 땅굴임은 모름.

④ 장거리 땅굴은 북에서 굴착할 수 없다는 것을 인식시키기 위하여 이미 발견한 제3, 제4 땅굴은 북한에서 고의로 폭파해서 찾게 한 위장 땅굴임.

⑤ 땅굴의 입구는 이천 보급 기지를 출발하여 마장리까지는 폭 12m, 높이 9m의 대형 땅굴이며 마장리부터는 직경 2m의 크기로 남하하였음.

⑥ 땅굴 굴착 시 나오는 버럭은 주로 가까운 폐광에 버림.

〈북의 남침전략〉

⑦ 지하수 처리는 일도 아니며, 땅굴 속에는 고인 물이 스며드는 곳이 여러 군데 있어서 자연적으로 처리되고 가끔 송수관으로 처리하기도 함.

⑧ 전쟁 발발 10일 전에 특수전부대와 경보병부대 요원들이 땅굴로 잠입하여 대기하기로 되어 있음.

⑨ 땅굴은 1959년부터 파기 시작하여 1960년대에는 전 전선에 걸쳐 파 내려옴.

⑩ 김정일이 있는 주석궁으로부터 신의주를 거쳐 중국으로 통하는 땅굴을 6·25 이후부터 파기 시작하여 완료하였음.

서울에 남침 땅굴 침투

(16) 2003년 5월 31일, 안기부 수사관 요청으로 남침 땅굴 탐사자인 정○○ 씨와 정○○ 장군이 함께 만난 자리에서 수사관이 말하기를, 몇 년 전 서대문 교도소 뒷산 부근에 사는 서대문 주민의 땅굴 신고로 출동했었는데 그 주민의 집 지하에서 기계 소리가 선명하게 들렸

고 그 기계음은 2000년에 모 방송국에서 보도한 자동 굴착기 소리와 유사했다고 증언하였습니다.

(17) 2007년 6월 3일경, 쌍용건설 가좌 지하철 공사장 부근에서 땅이 함몰되어 덤프트럭으로 약 50대 분량의 흙으로 메꾸었는데, 이것은 지하에 큰 공동이 있다는 증거이며 남굴사에서 다우징 탐사 결과 그곳은 남침 땅굴 지역으로서 여러 가지 정황으로 보아 남침 땅굴인 것으로 판단됩니다.

남침 땅굴 증언록 『서울 아르덴느의 공포』[5] 발행

(18) 1994년 상기 정○○ 장군 및 정○○ 씨 공저로 발행한 『서울 아르덴느의 공포』(상·하)에 게재된 바 있는 전후방 각처 수십 군데에서 탐사된 남침 땅굴 징후 및 증거 등으로 보아, 1980년에서 1990년대에는 이미 연천, 동두천, 의정부, 양주, 파주, 김포 반도는 물론, 서울을 비롯한 수도권 지역 일대에 북한의 남침 땅굴이 다수 침투한 것으로 판단됩니다.

---

5) 정○○·정○○ 공저, 『서울 아르덴느의 공포』(상·하), 대광출판사, 1994

장거리 남침 땅굴 증인 54명

(19) 장거리 땅굴에 대한 증인만 해도 54명이나 있으며, 그 명단은 남굴사에서 보관 중입니다. 장관 1명, 국회의원 2명, 대학교수 2명, 장군 4명, 대령 5명, 중령 2명, 신문사 주필 1명, 목사 7명, 신부 2명, 다우징 기술자 10명이 포함되어 있습니다.

화성(지화리)에 남침 땅굴 침투

(20) 2001년 3월 초, 화성 남침 땅굴 현장에서 약 20km 떨어진 화성시 송산면 지화리에서 약 40공을 시추하고 녹음한 결과 땅굴 파는 소리와 사람 목소리가 녹음되었습니다.

청와대에 남침 땅굴 침투를 제보한 자 피살

(21) 청와대 남침 땅굴 신고자가 피살된 일이 있습니다. 1993년 2월경, 신고자(성명 미상)가 양○○ 전 국회의원을 찾아와 김포 반도와 세검정을 경유한 남침 땅굴

이 청와대에 침투한 도면을 제시하며 "청와대에 이르는 땅굴 지상 루트를 아침저녁으로 순찰하는 불순분자가 있다"는 내용을 제보하였습니다. 양 의원은 당시 3군 사령관 모 대장에게 제보 내용을 전달하여 모 대령이 신고자를 접촉한 바 있었다고 합니다. 그 후 확인 결과 그 신고자는 자신의 부친 산소에서 자살시체로 발견되었다고 합니다.

김포공항 옆 계양에 남침 땅굴 공사 진행 중

(22) 2018년 7월 초, 인천 지역에서 목회하고 있는 목사로부터 연락을 받고, 필자는 남○○ 씨와 함께 김포공항 바로 옆에 있는 계양으로 달려갔습니다. 그 목사의 증언에 의하면, 남침 땅굴의 각종 징후가 있어서 계양에 있는 산기슭을 중심으로 몇 군데 시추하고 녹음장치를 설치한 결과 생생한 남침 땅굴 소리가 녹음되었다고 하며 테이프를 들려주었습니다. 틀림없는 남침 땅굴 소리이며 자동 굴착기 소리, 갱차 지나가는 소리 등이 생생하게 들렸습니다.

목사의 주장으로는 이곳 땅굴은 매우 큰 규모로 공사를 하고 있으며 북한군 집결지 공사가 아닌가 의심이 된다는 것이었습니다. 서울 지역은 이미 땅굴 공사가 끝난 것으로 알고 있었는데 아직도 대대적인 공사를 하고 있다는 것에 충격을 받았습니다.

연천, 김포, 동두천 지역에 남침 땅굴 침투

(23) 1996년 6월, 연천군 백학면 구미리(임진강변) 이○○씨 집 옆 논에서 강력한 물 분출, 점심 식사 중 자신의 방이 진동하여 액자가 떨어지고 화장실 벽이 갈라졌으며 11월에는 밤낮으로 굉음과 돌 구르는 소리, 착암기 소리가 들렸다고 합니다.

(24) 1989년 3월, 김포 후평리에서 코어링 작업 시 갱차소리, 다양한 땅굴 파는 소리 및 사람 목소리가 들렸다고 합니다. 1989년 9월에는 4개 공 시추 시 지하 106~108m에서 특수 시멘트 물질이 검출되고 굴착 속도도 3배 증가했음을 확인하였으며, 이곳은 김포공항 4km 북방지점입니다.

(25) 1992년 4월 26일, 동두천 광암동에서 27m 시추한 결과 4월 29일 오전 8시, 시추공에서 육성 및 '드드드' 하

는 소리가 녹음되었으며 이는 땅굴로 판단됩니다.

(26) 2009년 9월 3일, 김포 애기봉 부근에 거주하고 있는 최○○ 씨 집 안방 및 집 부근에서 암석 굴착음, 갱차음 등을 녹음하여 군에 보고하였습니다.

(27) 1992년 3월 4일, 민원인 정○○ 씨는 수차례에 걸쳐 육군 참모총장 및 땅굴 탐지 과장 등 주요 간부들에게 보고하였으나 아무런 조치가 없어 〈월간조선〉에 제보하였습니다.

(28) 1992년 6월 24일, 국방부는 기자회견을 통해 "제출한 시멘트는 조작한 것이고 녹음테이프도 전기 잡음이다. 땅굴 민원은 사실이 아니다"라고 발표한 바 있습니다. 그러나 테이프를 들어보면 금방 남침 땅굴임을 알 수 있음에도 이를 곡해해서 왜곡 보도하여 국방부 내에 고정간첩이 상당수 잠복해 있음을 실감하게 한 사례가 있었습니다.

(29) 1988년 9월 28일, 김포시 하성면 후평리 김○○ 씨 텃밭에서 시추작업 시 기존 암층보다 굴진 속도가 3배 가속하였고 사람 목소리, 땅굴 파는 소리 등이 녹음되

었습니다.

(30) 1989년 11월 13일, 김포시 고촌읍 향산리에서 108m 시추 시 자동 굴착기 소리, 착암기 소리, 갱차 소리, 용접 소음 등이 녹음되었습니다(소음이 없다가 2년 만에 발생).

(31) 1991년 8월 15일, 연천군 구미리 최○○ 씨 집 지하에서 땅굴 진동 소음을 청취하였으며 자동 굴착기 소리, 각종 소음 등이 차차 커지는 현상, 사람 목소리 등이 녹음되었습니다.

파주, 양주, 고양에 남침 땅굴 침투

(32) 1992년 2월 21일에서 3월 9일, 파주군 파평면 덕천리에서 시추한 바에 의하면, 각종 땅굴 소음이 녹음되었고 시추공 위로 이상 물질이 차올랐습니다. 김○○ 소장이 장비, 유류, 경비를 부담하였습니다.

(33) 1992년 3월 10일, 연천군 미산면 아미리에서 시추한 결과, 각종 굴착 작업 소리가 녹음되었으며 1992년 4

월 10일, 6군 단장, 김○○ 장군, 28사단장이 현지 방문하였고 육군본부의 압력으로 절개 작업이 중단되었습니다.

(34) 1992년 4월 26일, 동두천 광암동에서 시추한 결과 각종 땅굴 소리, 사람 목소리 등이 녹음되었습니다.

(35) 1992년 6월 13일, 양주군 광적면 석우리에서 시추한 결과, 각종 굴착음이 녹음되었으며 주민들 또한 굴착음을 청취하였습니다.

(36) 1992년 7월 18일 오후 1시, 프레스 센터에서 〈월간조선〉이 땅굴 설명회를 실시하였으며 "조작 아니면 틀림없다"는 결론이 나왔습니다.

(37) 1992년 8월 19일에서 8월 21일, 고양군 행주외리에서 시추한 결과, 각종 땅굴 굴착음이 녹음되었고 시추공 옆 개천 땅속에서 6시간 동안 지하수가 상승하였고 주민들 또한 굴착음과 진동을 감지하였습니다.

땅굴 민원인 정○○, 국방 관계부서
대령급 15명에게 땅굴 정보 설명

(38) 1992년 9월 20일, 합참 군비통제관 차장실에서 민원인 정○○이 땅굴 시추 상황을 설명하였습니다. 국방부, 합참, 공군본부, 해군본부, 정보사 777 정보작전 등 대령급 15명이 참석하여 설명을 들었고 그동안 민원인 등을 사기꾼으로 생각하였으나 그렇지 않았음을 깨달아 국가 안보를 걱정하였습니다. 본 사건을 주최한 이○○ 장군, 윤○○ 박사는 보직 변경되었습니다.

(39) 1992년 11월 12일, 김포시 후평리 시추공에서 각종 굴착음이 녹음되었고 주민들이 진동 소음을 감지하였습니다. 시추공에는 물이 빠졌다가 차올라왔습니다. 시추작업 중 시추기 비트가 뭉그러졌는데 철판 충격인 듯합니다.

(40) 1992년 5월, 동두천시 광암동에서 시추하여 사람 목소리, 각종 땅굴 굴착음 등을 녹음하였으며 시추공 내 물이 갑자기 빠졌다가 다시 차오르는 현상이 있었습니다.

(41) 남침 땅굴 관계청원서 제출현황(1993년 7월 14일 현재) : 대통령 5회, 국무총리 1회, 안기부장 4회, 국방부 장관 9회, 기무사령관 3회, 국방부 특검단 2회, 육군본부 11회, 검찰 고발 3회

(42) 상기한 것 외에 다우징 탐사 및 시추 결과, 남침 땅굴이라고 판단된 곳은 다음과 같습니다.

1) 경기도 연천군 장남면 고랑포리
2) 파주시 광탄면 신산리(1사단 사령부)
3) 파주군 법원읍 동문리
4) 경기도 고양시 식사동(9사단)
5) 경기도 연천군 두일리(백학초등학교)
6) 경기도 김포시 양촌읍 거물대리(해병2사단)
7) 경기도 김포시 금단면 원당리
8) 경기도 김포시 하성면 가금리
9) 경기도 김포시 하성면 석탄리
10) 경기도 김포시 통진읍 마송리
11) 경기도 김포시 양촌읍 운양동
12) 경기도 김포공항
13) 서울 마포구 상암동
14) 서울 서대문구 연희동

15) 서울 종로구 인왕산

16) 서울 노원구 공릉동(육군사관학교)

17) 서울 도봉구 북한산

18) 서울 강북구 수유동(화계사)

19) 경기도 고양시 덕양구 북한동(진관사)

20) 청와대

21) 창경궁

22) 경복궁

23) 경기도 고양시 덕양구 향동동

24) 서울 영등포구 여의도동(국회의사당)

25) 서울 영등포구 여의도동(KBS)

26) 서울 강서구 외발산동(공수부대)

27) 서울 동작구 동작동(국립묘지)

28) 서울 동작구 사당동(수방사)

29) 서울 용산구 용산(미 8군사사령부)

30) 서울 용산구 용산(국방부)

31) 서울 용산구 용산(육군본부)

32) 서울 광진구 광장동

33) 경기도 하남시 춘궁동(육군 항공여단)

34) 경기도 오산비행장

35) 경기도 수원 비행장

36) 경기도 성남시(서울 비행장)

37) 경기도 포천시 동교동
38) 경기도 양주군 백석읍 가업리
39) 경기도 의정부시 신곡동(헬기부대)
40) 경기도 양주시 송추
41) 경기도 양주시 석유리(비행장)

남침 땅굴이 전국 각처, 부산까지 침투

그 후 2008년 약 3개월간 필자는 유능하고 숙련된 다우징 기술자와 함께 전국 각처를 다우징 기법에 의한 탐사 및 미국에서 구입한 Future2005 기계탐사 결과 전국적인 남침 땅굴 징후 및 증거를 포착할 수 있었습니다.

지금 우리나라 지하는 상당 부분이 북의 남침 땅굴에 의하여 점령된 상태로 보입니다. 수십 개 처에서 남침 땅굴이 침투한 것을 탐지한 바 있고 부산, 진해, 포항, 울산, 여수 등 최남단까지 침투한 것으로 판단됩니다. 의정부와 인천 지역을 경유한 2개 라인이 침투한 청와대를 비롯하여 국회, KBS, 중앙 정부청사(서울 및 과천), 국방부, 육군본부, 한미 연합사령부, 정보사령부, 기무사령부, 국정원 등은 물론 계룡대와 전국 각처에 있는 주요 군부대, 각급 미군 부대, 특히 오산, 수원, 군산, 대구 등에 있는 비행장, 평택미군기지와 주요 항만, 변전소, 발전소 등 수많은 곳에 남침 땅굴이 침투한 것으로 예상됩니다. 청와대를 비롯하여 안보 당국에 여러 차례 보고한 바 있으나 이를 무시하고 미온적인 태도를 취하고 있습니다.

오산, 수원, 군산, 대구, 평택 등 비행장 및 군 시설은 매우 중요하므로 그곳 한국 종업원 중에는 상당수의 간첩이 있을 것으로 짐작되며 유사시 시설 폭파에 앞장설 가능성이 있으므로 엄중한 사찰이 요청됩니다.

민간탐사자들을 사기꾼, 정신병자 또는 보상금이 탐나서 귀찮게 구는 자들로 보고 있는데 참으로 어처구니없는 일입니다. 애국충정으로 사비를 들여 갖은 고생을 다하는 민간탐사자들을 그렇게 여기고 있는 것입니다.

남침 땅굴은 우리 안보의 치명적 맹점

북이 특수전부대 20만 명을 앞세워 남침 땅굴로 기습공격할 경우, 우리는 고스란히 당할 수밖에 없습니다. 우리는 남침 땅굴에 대하여 제대로 파악도 못하고 있을 뿐만 아니라 그 남침 땅굴 실체에 대하여 아무런 손도 쓰지 못하고 그저 방치만 하고 있기 때문입니다. 이 남침 땅굴은 우리나라 안보의 치명적인 맹점이며 아킬레스건입니다. 이 남침 땅굴 문제를 해결하지 않고서는 나라를 온전히 유지할 수 없을 것입니다.

안보 당국에 상당수의 간첩 침투 의혹

매우 기이한 현상은 남침 땅굴 문제는 약 30년 전부터 민간탐사자들에 의해서 구체적으로 거론해 왔는데 안보 당국이 이를 제대로 다루지 않고 무시해 온 것입니다. 전후방에 있는 수많은 국민들이 땅굴 징후를 알렸는데도 말입니다. 중대한 안보 사안으로 보아 1%의 땅굴 가능성만 있어도 끝까지 규명해야 옳습니다. 휴전선 부근에 20여 개의 남침 땅굴이 있음이 공지의 사실이고, 4개의 땅굴이 이미 발견 및 공개되어 있음은 국민 모두가 알고 있는 사실임에도 불구하고 더이상 추적·탐사하지 않고 거의 방치되어 온 것입니다.[6]

남침 땅굴에 대한 전문성을 가진 민간탐사자들을 활용해서 어떻게 해서든 땅굴을 탐지·발견하여 이를 무력화(無力化)해야 하지 않겠습니까. 이것은 결과적으로 국방 당국의 판단 착오와 남침 땅굴의 중요성을 제대로 인식하지 못한 크나큰 실수이며 그 무책임성과 무능함을 지적하지 않을 수 없습니다.

6) 〈국방백서〉 참조

안보 당국 내부에 불순분자가 침투해 있어서 그렇게 된 것은 아닌지 의심스럽습니다. 아니, 상당수의 간첩이 국방 당국에 침투해 있어서 그렇게 된 것이라고 확신합니다. 북으로서는 60여 년에 걸쳐 막대한 자금과 부족한 전기를 집중적으로 소모하며 많은 희생을 무릅쓰고 굴착한 남침 땅굴이며 이제는 그것을 완공하여 언제든지 사용할 수 있는 상황입니다.

그럼에도 불구하고 국방 당국이 임진강 이남에는 남침 땅굴이 없다고 공공연히 매스컴을 통하여 공언하고 있으니 참으로 어처구니가 없습니다. 이는 온 국민을 우롱하는 처사이며 그 무책임함과 무능함을 폭로하는 것밖에 안 됩니다.

수많은 땅굴 테이프에서 땅굴 파는 소리, 사람 목소리, 자동 굴착기 소리, 갱차 지나가는 소리가 나오는데 그것을 듣고도 판단을 못 한다니 말이 됩니까. 의정부 가능3동에 살면서 본인 안방 지하에서 나오는 땅굴 파는 소리를 1년 반에 걸쳐 일기 형식으로 자세히 적은 문건을 1996년 10월호 〈월간조선〉에 공개했음에도 이것을 믿지 못한다는 것입니까. 그 주인공인 이○○ 씨가 불안해서 타처로 이주했으나 엄연히 살아 있고 언제나 증언할 수 있는데도 말입니다.

그 외에 얼마나 많은 징후와 증거가 있습니까. 전후방 국민이 남침 땅굴 파는 소리를 듣고 또 그 징후를 보며 불안해서 신고한 수가 얼마나 많은지 모릅니다. 그런데도 아니라고 부인하고 모른 척하는 겁니까. 그래서 국방 당국을 무책임하고 무능하다고 여기는 것입니다.

휴전 후 북에서 간첩들이 헤아릴 수 없을 만큼 많이 침투해 왔는데, 그 수천, 수만이 넘는 많은 간첩을 제대로 잡지도 못하고 방치만 하고 있으니 이 나라가 제대로 된 나라입니까. 현재 탈북자 3만여 명 중에는 남침 땅굴에 대해 증언할 수 있는 사람이 상당수 있을 것이고 그들을 잘 신문하면 많은 땅굴의 정보를 수집할 수 있을 것입니다. 도대체 무엇을 신문하고 있는지요.

이처럼 국민 입장으로 볼 때 고용인인 정부기관은 믿을 수 없기에 나라의 주인인 국민에게 직접 호소하는 것이며, 울분을 토하는 것입니다.

남침 땅굴을 파악하지 못하고 작성한 작전계획은 탁상공론

남침 땅굴을 제대로 파악하지 못하고 작성한 작전계획은 탁상공론과 같은 것이며 아주 위험합니다. 남침 땅굴이 후방 깊숙이 침투해 있어서 이 땅굴을 이용한 특수전부대가 후방에서 전방의 적군과 더불어 포위 공격할 경우 막대한 타격을 입을 수 있습니다.

전쟁 초반에 서울에 침투한 특수전부대와 전방의 적군이

포위 공격을 할 경우, 서울은 며칠도 지탱할 수 없을 것입니다. 더구나 김포 반도에 침투한 특수전부대가 기습 남침하는 적군과 합세하여 수원까지 점령 후, 측후방(側後方)에서 서울 포위 공격에 가세한다면 도저히 막아낼 수 없을 것입니다. 그 때문에 남침 땅굴을 감안한 작전계획을 다시 세워야 함에 더불어 한시바삐 내부의 적을 색출해야만 합니다.

북은 핵무기를 만들어 미군 철수를 획책한다

북은 그동안 모든 힘을 다하여 핵무기를 만들었습니다. 300만 명 이상이 굶어 죽는데도 아랑곳하지 않고 말입니다. 그런데 이 나라의 용공 대통령들이 수십억 달러나 되는 막대한 돈을 불법으로 퍼주어 핵무기를 만드는 데 결정적인 역할을 했습니다. 다 쓰러져가는 북괴 도당을 기사회생시켰습니다. 참으로 천인공노할 일이 아닙니까.

핵무기 개발의 첫째 목적은 미군을 철수시킨 후 대남적화 통일을 하는 것에 있습니다. 현재 추진 중인 미북 회담을 통해서 갖은 술수를 다 써가면서 일부 핵무기는 은닉하면서 종전선언, 평화협정을 맺도록 하고, 종국에는 미군을 철수시키려고 하는 것입니다. 우리 정부와 국민이 일치단결하여 이에 슬기롭고도 강력하게 대처하지 못하면 미군 철수가 실현될 수 있다고 예상됩니다. 만일 그렇게 된다면 이 나라는 월남 꼴이 될 가능성이 다분합니다.

　북은 미군만 철수하면 대남적화통일은 3일이면 가능하다고 자신하고 있습니다. 만일 북이 남침할 경우, 미군 증원군이 온다 해도 그들이 도착하기 전에 이미 상황은 끝날 수 있습니다. 남침 땅굴이 이미 부산을 비롯한 각 항구는 물론 전국 주요 지역에 모두 들어서 있으며, 미군이 작계 5027에 의해서 증원군을 파견하려 한다 해도 적어도 2주에서 2개월이 소요되고 증원군의 유입은 부산과 같은 항구가 있어야만 가능하기 때문입니다.

국방 당국이 주장한 장거리 남침 땅굴 굴착이 불가능한 이유

　국방 당국은 언뜻 듣기에 그럴듯한 이론을 내세워 후방에 침투한 장거리 남침 땅굴을 부인하고 있는데, 당국에서 내세운 이론은 세 가지입니다.

　첫째, 땅굴에서 나오는 막대한 버럭 처리는 어찌할 수 없다. 이에 대하여 남굴사는 "인공위성에서 감시가 철저해지기 전인 30여 년 전까지만 해도 북한 지역에서 버럭은 바다를 메우거나, 산을 만들거나 혹은 바다에 버리는 등의 방식으로 처리되었으나, 그 이후로는 주로 북한 또는 남한 지역에 다수 존재하는 폐광의 땅굴에 운반하여 처리한다"고 보고 있습니다. 이를 뒷받침하는 것으로 중국에 탈북한 북한군 상좌(88여단 참모장)가 제공한 정보에 의하면, 본인이 연천 북방 지역에서 땅굴 책임자로 있을 때, 1986년에 연천읍까지 판 땅굴을 확인·탐사한 일이 있었으며, 본인들이 판 땅굴에서 나온 버럭은 각 지역에 산재한 폐광의 지하 땅굴에 처리했다는 것입니다.

둘째, 땅속에서 나오는 물 처리 문제입니다. 이 문제에 대해서는 상기 북한군 상좌의 말을 참고하면, "별문제될 것이 없으며, 수맥을 따라 자연히 지하로 스며들도록 처리한다"고 합니다. 남굴사에서는 이에 추가하여 "경우에 따라서는 송수관을 설치하는 등의 방법으로도 처리는 가능하다"고 보고 있습니다.

세 번째는 공기 조정 문제입니다. 공기 조정을 위해서는 각 지역에 비밀 공기통 설치 또는 송풍장치 이용 등의 방법이 있을 것이며, 이것은 폐광과의 연결을 통해서도 해결할 수 있는 부분입니다. 각종 광산의 수십/수십km, 또는 수백km 길이의 지하 땅굴에서도 공기 조정이 큰 문제가 되지 않는다는 사실은 좋은 참고가 될 것입니다.

   문제는 각종 증거 및 징후로 보아 실제로 후방 깊숙이까지 남침 땅굴이 들어왔다는 사실입니다.

300대 이상의 TBM 수입하여 남침 땅굴 굴착, 부산까지 침투

   국방 당국은 자신의 이론에 집착한 나머지 이미 침투한 장거리 땅굴 자체를 부인하고 있습니다. 월맹이 약 50년 전에 250km가 넘는 장거리 구찌땅굴을 판 것을 생각하면 북한이 스웨덴, 스위스, 일본 등에서 최신 자동 굴착기(TBM) 300대 이상을 수입했는데 부산까지 땅굴을 못 팔 리가 있을까요.

   땅굴 작업은 3교대로 TBM 1대가 하루 50m 이상을 판다고 하는데, 이것은 40m로 낮추어 계산해도 다음과 같은 결과가 나오며, 여기에 1960년대의 수작업을 한 것까지 계산에 포함하면 다음과 같이 예상할 수 있습니다.

1) 1960년대 (수작업)

    1일 20m×30일×12개월=7,200m

    7.2km×10년=72km

2) 1970년대 이후 (TBM 작업)

1일 40m×30일×12월=14,400m

   14.4km×20년=288km

   합계 : 72km+288km=360km

   ※ 휴전선에서 북한(부산)까지 약 330km(직선거리)

　적어도 1990년대 초, 부산에 남침 땅굴이 침투했다고 볼 수 있습니다. 이 판단을 뒷받침하는 사례가 있습니다.

　2001년 12월 15일, 부산에 사는 A씨로부터 남굴사에 한 통의 전화가 왔습니다. 다급하게 들려오는 A씨 목소리는 "형님 집 지하에서 요란한 작업 소리가 났습니다. 구청과 동회에 물어봤더니, 관이 주도하는 작업도 없고 신고된 작업도 없다며 아무래도 땅굴인 것 같다"는 내용이었습니다. 땅속에서 들려오는 이상한 소리에 놀란 A씨는 확인을 위해 하나둘 사람들을 불러 모으기 시작했다는 것입니다. A씨의 형 집에 찾아온 사람들은 땅에 귀를 대고 소리를 들어보았고 모두들 "틀림없는 지하 작업 소리"라고 입을 모았다고 얘기했습니다.

　A씨는 평소 알고 지내던 인근 사찰의 스님까지 불렀다고 합니다. 스님은 땅에 굵은 대통을 박고 귀를 대며 "땅속에 큰 작업을 하는 듯한 소리가 생생하게 들린다"고 대답했다는 것입니다. 주변에 모인 사람들은 모두 땅굴 소리라고 결론을 내렸으며 이것에 대해 의심하는 사람이 없었다고 A씨는 증언했습니다. A씨와 함께 모인 사람들은 상황이 급박해지는

것을 느꼈고 다급해진 형이 경찰에 신고했으나 받아들여지지 않았다고 합니다. 국방부에 신고해도 받아들여지지 않기는 마찬가지였습니다. 결국 물어 물어 남굴사에 연락을 취하게 되었다는 것입니다.

그리고 2008년, 유능한 다우징 기법 기술자와 함께 전국 각처를 거쳐 부산 지역을 탐사했을 때 부산까지 남침 땅굴이 침투한 것을 확인하였습니다. 아마도 부산 지역에 남침 땅굴이 침투한 것은 2001년 후반이 아닐까 사료됩니다.

화곡광산에서 한강 밑으로 서울까지
남침 땅굴 침투, 탱크 침투 가능성

상기한 화곡광산에서 한강 밑으로 서울에 들어온 것은 아마도 1990년대 중반쯤이 아닐까 예상되며 이 땅굴은 폭이 넓고 높아 탱크와 같은 중장비도 서울 지하에 침투해 왔을 가능성이 있습니다. 이미 북한은 잠수함 기지와 비행기 격납고, 활주로 등도 지하화(化)되어 있으며 땅굴 파기에는 전문가이고 장거리 땅굴 파는 것도 큰 문제가 되지 않습니다.

고(故) 황장엽 전 북한노동당 비서는 "방북한 소련 군사 대표단도 감탄했을 정도로 북한의 땅굴은 정밀함을 자랑했다"고 말하였고, 북한의 땅굴 능력은 비행기가 지하 터널에서 지상으로 나올 수 있을 정도로 엄청난 규모의 능력과 기술을 가지고 있다고 말한 바 있습니다.

국방부는 북한의 굴착 능력으로 볼 때, 휴전선을 중심으로 10km 이상은 땅굴을 파 내려갈 수 없다고 주장하며 의정부, 남양주, 하남시 등의 땅굴 징후에 대해서는 일고의 가치도 없다며 부정하고 있습니다. 그런데 이미 언론에 밝혀진 대로 북한 내에는 김정일의 비상 도주용으로 굴착된 중국으로 통하는 200km의 장거리 땅굴이 존재하고 있음을 알 수 있습니다. 또한 황장엽 전 비서는 "수십 년 전에 지하철과 연결된 비밀 지하 땅굴에 직접 가보았는데, 북한의 지하철에서도 다시 150m 정도 더 내려갔다"고 말한 바 있습니다. "평양에서 직선거리로 약 40km 떨어진 평성 자모산까지 땅굴로 가 보았는데, 이 땅굴은 순천, 영원을 거쳐 평안북도 묘향산 별장까지 연결되어 있다"고도 말했습니다.

국방부, 장거리 남침 땅굴 불가능 공언, 다수의 간첩 침투 의혹

필자의 판단으로는 우리나라 각계각층에 다수의 고정간첩이 잠복 활동 중이며 특히 땅굴 관계부서와 대공부서에 중점적으로 다수 배치되어 땅굴이 발견되지 않도록 결사적으로 대처하고 있다고 보입니다. 만일 땅굴이 발견되면 다년간에 걸친 공든 탑이 무너져 모든 것이 수포로 돌아가기 때문입니다. 남침 땅굴을 본격적으로 파기 전부터 남침 땅굴 관계부서에 중점적으로 고첩부식 공작을 전개하였을 것은 명약관화한 일입니다.

한미연합사령관이 2001년 3월 미 상원에서 한 증언에 의하면, 북한 도처에 11,000개 이상의 땅굴 시설이 있다고 하였는데 북한은 땅굴에 관한 한 세계 선수권 보유자인 것입니다.

김일성, 김정일, 김정은의 지대한 관심과 아울러 준엄한 명령이 있었고 고도의 땅굴 굴착 기술과 땅굴 굴착 장비를 갖추었음은 물론, 적화통일을 위한 저들의 남침 땅굴에 대한 집념은 우리의 상상을 초월한 것입니다. 북한이 전기가 부족한 주요 원인은 남침 땅굴에 있다고 생각됩니다. 김정일이 전기 지원을 강력히 요구하여 전 ○○○ 정부가 자원하고자 하였으나 미국의 강한 압력으로 뜻을 이루지 못하였는데 참으로 한심한 용공 정부였습니다. 이러한 용공 정부는 앞으로 준엄한 국민의 심판과 역사의 심판을 받게 될 것입니다.

남굴사 핵심인물 2명 테러당하여
1명 순국, 1명 중상

　국방부를 비롯한 안보 당국이 화성 남침 땅굴 탐사 및 절개 공사를 지원하지 않고 대공 활동을 제대로 하지 않음으로써 직무 유기를 한 까닭에 안타깝게도 남굴사 요원 2명이 적성 세력에 테러를 당해 1명은 순국하고 1명은 중태에 빠졌다가 가까스로 생명을 구한 일이 있었습니다.

　즉, 화성 남침 땅굴 탐사에 주동적 역할을 하던 고(故) 정○○ 씨가 2002년 12월 5일, 레이저로 의심되는 총에 테러를 당하여 수원 중앙 병원에 입원 치료 중, 12월 10일 순국한 일입니다. 병원에서 시체를 염할 때 보니 등에 20여 개의 보라색 반점이 있어 이상하게 생각되었습니다. 고(故) 정○○ 씨는 기무사 대공 수사관으로 있을 때 남침 땅굴에 대하여 알게 된 후, 기무사를 사직하고 14년 동안 오로지 남침 땅굴 탐사에 전념하여 수억 원의 가산을 다 팔아 남침 땅굴 탐사에 사용하였고 가정의 파탄을 무릅쓰고 나라를 구해야 한다는 일념으로 몰두하였습니다.

　그는 남침 땅굴 탐사의 선구자로 김포, 연천, 동두천, 의정부, 서울, 인천, 수원, 화성 등지에서 10여 년에 걸쳐 남침 땅굴 탐사를 위해 500여 공을 시추작업하였고, 연천과 화성 등 2개 처에서 땅굴 절개를 통하여 수많은 땅굴 굴착 소리 녹음테이프를 비롯하여 각종 증거자료를 확보하여 국민들이 남침 땅굴을 인식하도록 큰 공헌을 한 구국의 영웅입니다. 그의 순수한 애국심과 땅굴 문제를 해결해야 한다는 집념, 그리고 실천력은 참으로 대단했습니다. 그분을 생각할 때마다 눈물을 흘리지 않을 수 없습니다. 우리는 어떻게 해서든지 땅굴 문제를 해결해서 국가를 안보해야 합니다.

또, 부상을 입은 최○○ 씨는 권위 있는 다우징 탐사 기술자로 고(故) 정○○ 씨와 더불어 10년간 갖은 고생을 다한 바 있으며, 남침 땅굴 탐사 및 발견에 많은 기여를 한 인물입니다. 그는 2003년 2월 25일, 화성 남침 땅굴 현장 본부장으로 수고하다가 적성세력에 의해 레이저 총으로 의심되는 무기로 테러를 당했는데, 불행 중 다행으로 왼쪽 다리에 부상을 입어 약 2개월간 수원중앙병원에 입원 치료를 받은 후 1년 정도 통원 치료를 받고 건강을 회복했습니다.

국방부와 민간탐사자 협력하면
남침 땅굴 색출 가능

남침 땅굴은 우리나라 안보의 치명적인 취약점이며 한시바삐 무용지물화 해야 합니다. 이 제거 작업은 매우 고난도의 작업으로, 우선 땅굴을 찾아내야 하는데 그것을 발견하기는 쉽지 않습니다. 그러나 국민이 합심하고 관계 당국이 열성을 다하면 일일이 찾아 제거할 수 있을 것입니다. 안보 당국이 지금이라도 민간탐사자들과 긴밀히 협력하고 온 국민이 도와주면 가능한 일이며 적이 수십 년간 구축한 것을 수개월이면 모두 다 제거할 수 있다고 예상합니다.

북한 체코대사 출신 탈북자 김○○ 씨(2011년 4월)는 "서울과 수도권 지하철과 북한 남침 땅굴 출구가 연계되어 있고 중요한 역마다 예상 침투로가 많이 만들어져 있다"고 말한 바 있습니다.

김○○ 씨의 증언처럼 지하철역이 출구와 연계되어 있을 것이고, 또한 적의 고정간첩이나 포섭된 자들 중에서 조건이 좋은 집이나 기업체에 출구를 만들 수 있을 것입니다. 남한 지역에는 남침 땅굴로 어디든지 서울에서 부산까지 마음대로 침투할 수 있을 것이기 때문에 이미 서울 지역에는 지하에 특수전부대 3천 명 정도는 상주하고 있을 가능성이 높습니다.

그리고 창덕궁처럼 출구를 마련하는 데 적당한 곳이 어디 있겠습니까. 밤에는 인적이 끊어진 시골 산중 같습니다. 서울 한복판에 위치하며 몇 명의 경비원이 있을 뿐이고 그 경비원조차 북측 사람으로 배치할 수도 있을 것입니다. 이런 곳이 서울에 여러 군데 있습니다. 아마도 창덕궁과 같은 곳에는 그 지하에 대병력이 잠복 대기할 수 있는 장소가 마련되어 있을 것입니다.

　상식적으로 잘 생각해 보면 출구로 적합한 곳이 떠오를 수 있을 것이며 더구나 감각적인(센스있는) 대공 요원이라면 지난날의 경험이나 그들의 적합한 판단으로 좋은 아이디어를 제공할 수 있을 것입니다.

　무엇보다 시급히 해결해야 할 일은 대공 정보를 수집하며 간첩을 잡을 수 있는 기관을 강화하는 일입니다. 지난날 용공 정권 때나 무능한 정권 때에 안기부(국정원)나 기무사, 경찰, 검찰(공안부)은 이를 약체화하는 일에 힘썼는데, 지금부터라도 그것들을 다시 강화해야 합니다. 하지만 반공정신이 투철한, 국가 민족을 지극히 사랑하는 정부라면 몰라도 지금의 정권으로는 쉽지 않은 일입니다.

　국민의 강력한 압력이 필요합니다. 총선거 때나 대선 때 애국심이 투철하고 유능한 반공 투사를 제1순위로 당선시켜야만 나라가 바로 섭니다.

남침 땅굴 및 적성 세력 무력화를 위하여 정보기관 획기적 강화 긴요

　정보 및 대공 기관이 국가 안보에 있어서 가장 중요합니다. 법적으로 강력히 뒷받침하고 충분한 예산을 제공하며 유능한 베테랑 대공 요원을 규합해서 사기를 높여주어 저들이 전력을 다하여 일할 수 있도록 뒷받침해 주는 것이 긴요한 사항입니다. 나라를 꼭 구해야겠다는 사명감을 가지고 일하도록 잘 뒷받침해 주어야 합니다.

승진에 유리하도록 제도를 개선하고 노고를 알아주어야 인재들이 모입니다. 적은 수년간의 간첩 교육과 충분한 공작금을 주며 사기진작을 시켜 남파(南波)합니다. 고도의 기술과 장비를 가지고 말입니다. 이에 대처하려면 우리도 그에 상응한 조건을 갖추어야 합니다. 지금과 같은 조직과 대비태세로는 상대가 되지 않습니다.

그렇게 만드는 일에 온 국민이 발 벗고 나서야 합니다. 나라를 구하기 위해서 말입니다. 그렇지 못한 정권은 국민이 일할 수 있는 정권으로 교체해야 합니다. 그렇게 해야 나라의 안보를 기약할 수 있습니다. 우리나라와 같은 입장에서는 대통령이나 국회의원 또는 고위 관리들의 조건은 투철한 애국심과 반공정신이 최우선시되어야 합니다.

적은 이미 수많은 간첩을 남파시켜 각계각층에 자리를 잡았다고 추정됩니다. 지하당 간첩망을 대대적으로 확대하고 있으며 전국적으로 특수전부대를 각기 할당한 지역에 차근차근 침투시키고 있는 것으로 예상됩니다. 북은 남침 시기가 점점 가까워지고 있다고 판단하고, 북핵을 이용한 종전선언과 평화협정 체결이 멀지 않았다고 생각할 것입니다.

이 중요한 때에 우리의 대비는 너무나 허술하고 위험천만합니다. 필자는 북은 핵 문제를 해결하는 과정에서 종전선언, 평화협정을 맺고 또한 벼랑 끝 전술을 쓰는 등의 방법을 통해 미군이 철수하도록 전력을 다할 것이라고 봅니다. 미군이 철수할 때가 결정적인 남침 시기일 것입니다. 월남에서처럼 말입니다.

북은 그 시기가 점점 가까이 오고 있다고 보고 이에 대한 준비에 더욱 박차(拍車)를 가할 것입니다. 문재인 정권은 이에 대하여 철저히 대비해야 합니다. 적에게 속지 말아야 하는 지금, 철저히 속고 있는 것 같아 안타까운 마음을 금할 수 없습니다. 적은 지금 남침 시를 고려하여 하나하나 우리의 대북 장애물을 제거하는 데 흉계를 발휘하고 있을 것입니다. 반공정신과 애국심이 투철한 자들로 안보 부서를 강화해야 하는데 그렇지 못한 것 같아 불안합니다.

대통령 주변은 주사파(主思派) 등 종북주의자들로 둘러싸여 있습니다. 문재인 대통령은 다른 것에 우선해서 국가 안보를 위해 노심초사해야 하며 하나하나씩 대북 억지력(抑止力)을 강화(强化)해 나가야 합니다.

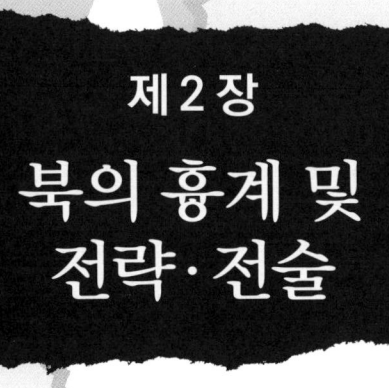

제 2 장
북의 흉계 및 전략·전술

1. 적의 전략·전술

대남(對南) 적화(赤化)통일은 북의 유일한 목적

　북한은 김일성-김정일-김정은 3대에 걸쳐 시종일관(始終一貫) 대남 적화통일을 유일한 목적으로 삼고 갖은 흉계를 다해 왔습니다. 이 목적 달성을 위해서 6·25전쟁을 일으켰고, 오늘에 이르기까지 저들의 적화통일 야망은 전혀 변함이 없습니다. 북은 남침을 위한 군사력 증강을 계속해 왔으며 아울러 1959년경부터는 남침 땅굴을 파기 시작하여 20여 년 전에는 이미 완성한 것으로 보이나, 2018년 현재까지도 남침 땅굴 보완 및 강화공사를 하고 있습니다.

적의 전력·전술

　국방백서(2008)에 의하면 "북한은 당규약에 명시된 한반도 통일전략을 고수한 채, 이를 실현하기 위해 대규모 군사력을 유지하고 있다. 북한의 군사 정책은 1962년 채택한 4개 군사 노선(路線)을 근간으로 하고 있으며, 경제난의 심화에도 불구하고 선군(先軍)정치의 기치(旗幟) 아래 국가 자원

〈북의 남침전략〉 57

을 군사부문에 우선 배분하여 군사력을 지속적으로 강화하고 있다. 북의 군사전략은 한반도 전장여건을 감안하여 미 증원군 도착 이전에 전쟁을 종결하는 단기 속전속결 전략을 기본으로 하고 있다. 이를 위해 초전(初戰) 기습 공격과 정규·비정규전의 배합전으로 전쟁의 주도권을 장악하고, 강력한 화력과 기갑·기계화 부대로 전과(戰果) 확대를 실시할 것으로 예상된다. 특히 최근에는 아프가니스탄과 이라크전 교훈을 바탕으로 특수전 능력을 보강하고 있다"고 되어 있습니다. 적의 전략·전술은 대부분 우리의 국방백서에 잘 나타나 있다고 봅니다.

기습 남침을 위한 남침 땅굴 굴착·완성

북은 남침을 위한 군사력 증강을 계속해 왔으며, 아울러 1959년경부터는 남침 땅굴을 파기 시작하여 약 20년 전에 이미 전국에 걸쳐 기본적인 땅굴을 완성한 것으로 보입니다. 더불어 2018년 현재까지도 남침 땅굴 보완 및 강화를 진행 중에 있습니다.

특히 서울을 비롯한 수도권과 수원·오산·평택 지역에서는 지하 집결지 조성의 징후가 상당수 보입니다. 적의 남침에 대비해서 사전에 대기하고자 하는 징후로 판단됩니다. 서울 지역 지하에는 적어도 특수전부대 1개 여단(약 3,000명)이 상주하고 있을 가능성이 있습니다.

남침 땅굴을 이용해서 언제든지 어느 곳이나 자유롭게 침투할 수 있으며, 정규·비정규전 배합과 전후방 동시 전장화로 전후방 포위 공격이 핵심 전략이라고 판단됩니다.

필자가 파악한 바로는 30년 전후에 서울은 물론 강화도와 김포 반도 여러 곳에 남침 땅굴이 들어왔으며, 파주·연천·철원·의정부·동두천·양주·화성과 동부 및 중부 전방 지역에도 남침 땅굴이 침투하였고 서울을 비롯한 수도권 지역에는 수많은 땅굴이 들어온 것으로 보입니다. 이미 상기(上記)한 지역에는 특수전부대가 들어와 땅굴에서 또는 일부는 지상에서 잠복 중인 것으로 판단됩니다. 만일 북이 남침 시에는 한국군 후방 및 측방에서 특수전부대가 합세하여 포위 공격할 것이 예상됩니다.

남침 1주일 전 즈음에 이르러 적의 특수전부대 20만 명이 각 지역 땅굴로 침투하여 대기하다가 전방에서 기습 남침과 함께 지상으로 나와 작전을 개시한다면 큰 혼란에 빠질 것이 분명합니다. 이것이 북한의 정규전·비정규전의 배합전략이며, 또한 전후방 동시 전장화의 전략입니다. 이 두 가지 전략 모두에 남침 땅굴을 주로 이용할 것입니다. 땅굴 외에도 AN-2 경비행기 300대에 의한 약 2,000명과 약 300척의 상륙함정을 이용한 수천 명의 특수전부대 침투도 고려해야 할 것입니다. 그러나 가장 위협적인 것은 20만이라는 대군이 감쪽같이 비밀리에 침투할 수 있는 남침 땅굴입니다.

만일 남침 땅굴을 사전에 무용지물화(無用之物化)하지 못한다면 3일 작전도 가능성이 있습니다. 남침 땅굴을 무용지물화하지 못한다면 북으로 하여금 남침하고자 하는 야욕을 억지할 수 없을 것이며 남침 시에는 고스란히 당하고 말 것입니다.

우리는 어떻게 해서든지 전쟁을 억지할 수 있는 능력을 키워야 합니다. 지금까지 주한미군은 큰 전쟁 억지력(抑止力)이 되고 있습니다. 한미군사동맹과 주한미군은 결정적인 전쟁 억지력이었습니다.

그러한 이유로 우리는 어떠한 일이 있어도 미군 철수는 막아야 합니다. 반면, 북이 핵무기를 결사적으로 만든 목적은 미군을 철수시키기 위한 것입니다. 북은 미군만 철수한다면 적화통일은 별다른 문제가 없다고 생각하고 있습니다. 그것은 저들에게 남침 땅굴이 있고 그동안 천신만고로 마련한 강력한 군사력과 남한 내부의 강력한 용공(容共)세력이 있기 때문입니다.

적의 강력한 군사력

북한의 군사력은 군인 수나 장비 그리고 훈련 정도와 사기를 합쳐볼 때 우리보다 우세한 것이 사실입니다. 다음에 제시하는 〈남북 군사력 비교표(국방백서:2008.12)〉를 보십시오.

〈남북 군사력 비교표〉

(국방백서, 2008)

구분			남한	북한
병력		계	655,000명	1,190,000명
		육군	522,000명	1,020,000명
		해군	68,000명	60,000명
		공군	65,000명	110,000명
육군	부대	군단(급)	10개 (특전사 포함)	15개
		사단	45개	86개
		기동여단	15개	69대 (교도대 10여 개 포함)
	장비	전차	2,300대	3,900대
		장갑차	2,400대	2,100대
육군	장비	야포	5,200문	8,500문
		다련장/방사포	200문	5,100문
		지대지 유도무기	30기 (발사대)	100기 (발사대)

〈북의 남침전략〉 61

해군	수상함정	전투함정	120척	420척
		상륙함정	10척	260척
		기뢰전함정	10척	30척
		지원함정	20척	30척
	잠수함정		10척	70척
공군		전투임무기	490대	840대
		감시통제기	500대 (해군 항공기 포함)	30대
		공중기동기 (AN-2 포함)	40대	330대
		훈련기	170대	180대
		헬기	680대 (육·해·공)	310대
예비 병력			3,040,000명	7,700,000명

왜 이렇게 차이가 나는 겁니까? 이것은 위정자들의 잘못입니다. 적의 실정을 속속들이 알아보고 그에 상응한 대비를 해야 하는데 국방 정비에 너무나 소홀했습니다. 옛날 로마제국 황제의 임무는 첫째가 안보요 둘째가 식량이라고 했습니다. 그러했기 때문에 500년이 넘도록 세계의 패권(霸權)을 차지할 수 있었습니다. 오늘날도 마찬가지입니다. 위정자는 무엇보다 안보를 철저히 기해야 하는데 그렇게 하지 못했습니다.

북이 수십 년 동안 GNP의 25% 이상을 군사력을 증강하는

데 썼는데 우리는 3%에도 미치지 못했습니다. 북은 병역 연한(兵役年限)이 통상 10년에서 13년인데 우리는 3년이었다가 점점 줄어들어 현재는 2년 이하로 축소되었습니다. 우리는 병역 연한을 적어도 3년으로는 해야 할 것입니다. 북은 정신교육에 힘써 수십 년 동안 조국을 통일해서 외세를 물리쳐야 한다고 밤낮 세뇌를 하여 북의 병사들은 총폭탄이 되어 적을 무찔러야 한다며 굳은 결의를 하고 있습니다.

우리는 정신교육이 너무나 부족합니다. 투철한 애국심과 적을 물리쳐 나라를 구하겠다는 사명감을 굳건히 가지도록 해야 합니다. 북은 주사파(主思派) 용공분자들을 이용해서 우리 군내에 다수의 프락치를 심어서 우리 장병의 정신을 이완시키고 있습니다.

상기한 〈남북 군사력 비교표〉와 같이 우리의 군사력은 북의 반밖에 되지 않습니다. 병력의 수에서 뿐만 아니라 장비 또한 북의 반밖에 되지 않습니다. 또한 병사들의 훈련도에 있어서도 많은 차이가 나고 있습니다. 해가 갈수록 군사력 격차가 좁혀져야 하는데 오히려 더 벌어지는 상황입니다. 우리나라 경제력이 세계 10위권이라고 하는데, 왜 이런 것입니까? 북이 군사력을 증강하고 적화통일을 위해서 광분(狂奔)하고 있는 것을 잘 알면서 우리는 왜 제대로 대비하지 않았는지 모르겠습니다. 도저히 이해할 수 없습니다.

전쟁 억지력인 군사력 증강에 너무나 태만함

마땅히 국방비를 대폭 증액하여 군사력을 증강해야 합니다. 북에 대한 억지력을 강화하는 데 전력(全力)을 기울였어야 했습니다. 남침 땅굴을 찾는 데 총력을 기울여 전국 방방곡곡을 탐사해야 했습니다. 민간탐사자들을 격려하고 협력하여 땅굴을 찾았어야 했습니다. 민간탐사자들은 자금이 없어 겨우 시추를 하고 땅굴 절개(切開)는 제대로 하지 못했습니다. 땅굴 하나 절개하는 데 5억 원이나 10억 원 정도면 가능한데 자금이 없어 제대로 하지 못했습니다. 국방 당국에 제발 와서 땅굴 절개를 해달라고 간청했는데 응하지도 않았습니다.

막대한 조직과 장비 및 예산이 있는데 왜 땅굴을 찾지 못했습니까? 제4땅굴 발견 후 수십 년이 지났는데 왜 하나도 발견하지 못했습니까? 찾을 의욕이 전혀 없었던 것이라고밖에 생각되지 않습니다. 중대하고 또 중대한 남침 땅굴인데 말입니다. 간첩들의 농간에 놀아난 것입니다.

친애하는 국민 여러분! 책임은 엄하게 물어야 합니다. 간첩을 색출해야 합니다. 정부의 수장인 대통령에게 엄하게 책임을 물어야 하고 제대로 국가 안보에 대처하지 못한 것이 드러나면 그것이야말로 탄핵감인 것입니다.

다른 예산을 대폭 줄여서라도 막강한 군사력을 가짐으로

써 적이 감히 엄두도 내지 못할 만큼의 억지력을 가져야 전쟁을 예방할 수 있습니다. 우리는 어떻게 해서든지 전쟁을 막아야 합니다. 6·25동란 때 얼마나 많은 사람들이 죽었습니까. 500만 명이 넘는 사람이 사망하거나 부상을 입었고 국토는 황폐화되고 말았습니다. 만일 또다시 전쟁이 발발한다면 그때보다 훨씬 더 큰 피해를 보게 될 것입니다.

300만이나 되는 동포들을 굶어 죽게 만든 원흉들이 인간이라고 할 수 있습니까. 우리의 동포라고 말할 수 있습니까. 30만이나 되는 많은 동포들을 강제수용소에 수감해 개, 돼지만도 못한 취급을 하면서 갖은 학대를 하는 이들을 같은 동포라고 할 수 있습니까? 그런데 그자들이 '우리 민족끼리' 하면서 감언이설로 회유하는데, 그런 꼬임에 넘어가는 자들이 있는 것을 볼 때 참으로 통탄스럽습니다.

대통령은 국가 안보관이 투철하고 결사적으로 국가를 방위하고자 하는 결의가 굳건해야 하며, 국가 안보에 대한 식견과 능력이 있어야 합니다. 주위에 유능하고 기백 있는 참모들을 거느려야 합니다. 그런데 현재의 실정은 그렇지 못하여 큰 걱정입니다.

적 남침 시 우리의 작전계획 재검토해야

국방 당국은 북의 남침 시에 대한 작전계획을 재검토해야 할 것입니다. 남침 땅굴을 충분히 고려한 작전계획을 세워야 하며, 특히 적의 전후방 동시 전장화를 고려해야 합니다. 일례를 들어 김포 반도는 적의 남침 시 매우 중요한 전략적 요충지입니다. 이미 위에서 기술한 바와 같이 김포 반도에는 오래전 각처에 남침 땅굴이 들어온 바 있습니다. 그러므로 김포 반도 전방에서 적이 남침 공격 시 다수의 수륙 양용차와 배를 이용한 적과 후방 각처에서 특수전부대가 대응한 포위 공격으로 남한은 매우 위험한 상황에 처할 것입니다. 만일 적이 김포 반도를 점령한다면 지체 없이 후방 수원 쪽으로 진출해 서울에 잠복 중인 특수전부대와 합세하여 서울을 후방과 측방에서 포위 공격할 것이며 그러할 경우 우리는 일대 혼란에 빠질 것입니다.

후방에 있는 예비사단을 평시에 강력한 전투 사단화해야

이에 대한 대비책을 철저히 강구해야 합니다. 후방에 있는 예비사단을 평시에 강력한 전투 사단화해야 하며 영동고속도로, 중앙고속도로, 동해고속도로 등 각 고속도로 등에는 중점적인 병력 배치와 함께 강력한 요새진지가 구축되어야 합니다. 적이 남침 시 전방을 돌파하면 기갑부대를 갖춘 공격 제대가 서울을 우회하여 부산을 목표로 상기(上記) 각 고속도로를 돌진해 올 텐데 이에 대한 강력한 대비책이 강구되어야 합니다. 필요한 예산을 긴급히 마련하는 한편 주요 장비인 전차, 장갑차, 대전차무기, 야포 등은 미국과 긴밀히 협조해야 합니다. 전쟁을 예방하고 또 적을 이기기 위해서는 막대한 예산과 더불어 피땀 흘리는 노력이 거듭되어야 할 것입니다.

적이 GNP의 25%를 군사비에 쓰고 있는데 우리는 3% 정도만을 사용하고 있습니다. 적어도 7%로 증액하여 급히 군사력을 강화해야 합니다. 우리는 국방비의 반 이상이 인건비나 시설비에 충당되는데 적은 인건비, 토지사용료 등이 무료입니다. 그 예산의 대부분을 순수 무력 증강에 사용하고 있습니다.

전방에만 집중하고 후방을 소홀히 여기면 북의 전략·전술에 대처하기는 어려울 것입니다. 특수전부대는 남한을 면 단위로 담당 지역을 할당해 전후방 동시 전장화를 기하고 있습니다. 그리하여 전방부대와 후방에 있는 특수전부대가 긴밀한 협조하에 포위 공격에 주력할 것으로 보입니다.

또한 적은 5,000톤 이상의 화학탄이 준비되어 있어 필요시에 전방은 물론 후방에서도 화학탄 공격을 감행할 것으로 예상됩니다. 특히 전방 돌파 시와 서울 공격 시 또는 오산비행장, 군산비행장, 수원비행장, 평택미군기지, 계룡대 등에 화학탄 사용을 감행할 것이며 이에 대한 철저한 대비가 필요합니다. 북은 이미 오래전에 방독마스크를 북한 주민들에게 지급했다고 합니다.

2. 북핵 문제와 북의 흉계

북핵의 목적은 미군 철수에 있다

　북은 북핵 문제를 이용하여 종전선언-평화협정-미군 철수를 노리고 있습니다. 미군이 철수하면 곧 남침하여 적화통일을 하고자 하는 것입니다. 노동당 규약에 적화통일을 강조하고 있습니다. 북에서는 노동당 규약이 모든 것에 우선하며 헌법에도 우선합니다. 상술한 바와 같이 300만 명의 아사자를 무릅쓰고 핵무기를 만든 목적은 미국과 흥정하여 미군을 철수시킨 후 대남 적화통일을 하기 위함입니다.
　이제 북에서는 대남적화의 기회가 가까이 다가왔다고 생각할 것입니다. 그래서 판문점선언, 평양공동선언 등을 통해 구체적인 준비를 하는 것입니다. 이것은 눈 가리고 아웅 하는 것 외에 아무것도 아닙니다. 남침을 위한 전 단계의 준비 작업입니다.
　낮은 단계의 연방제를 위한 흉계입니다. 현 정부가 속거나 아니면 스스로 동조한 것입니다. 대한민국의 운명을 짊어진 사람이 공산주의자들의 속임수를 모르고 무책임하게 사명감을 잊고 허둥대고 있으니, 어떻게 믿고 나라를 맡길 수 있겠습니까. 주위에 있는 안보 관계 장관들이나 참모들은 무엇을 하는 자들입니까? 전혀 자격 없는 친북주의자들을 거느리고 있으니 그러한 유혹과 속임수에 현혹되는 것이며 직무유기를 하는 것입니다. 적은 확고한 목적의식을 가지고 남한의 정세를 손금 보듯이 명확하게 보며 사기충천해서 쾌재를 부르고 있는데 우리는 그것도 깨닫지 못하고 멍청하게 있으니 말이 됩니까?

남침 땅굴, 군사력, 종북세력에 대처해야

남한에 땅굴이 안 간 곳 없이 들어오고 서울에는 한강 밑으로 들어온 남침 땅굴로 탱크까지 들어오지 않았는가 의심되며 그 가능성이 다분하다고 믿고 있는 처지인데, 남침 땅굴에 대해서 알고도 모른 척하고 있는 것인지 정말 모르고 있는 것인지 참으로 한심하기 그지없습니다. 세계 역사상 이렇게 미련하고 무지했던 나라는 없을 것입니다.

수십 년 전 서울에 남침 땅굴이 수없이 들어왔고 부산까지 도달한 지 20년이 넘은 것으로 보이는데, 그걸 모르다니 말이 됩니까. 그동안 민간탐사자들이 그만큼 보고하고 또 보고했는데도 말입니다. 다른 건 다 고사하고 남침 땅굴 테이프를 한 번 들어보거나 〈월간조선〉 1996년 10월 호에 실린 의정부 가능3동에 살던 이○○ 씨의 일기를 보면 정황을 금방 알 수 있을 텐데 말입니다.

그 외에 증거 및 증언들이 근 100건이 넘는데도 모르다니 어처구니가 없습니다. 탈북자 신문만 제대로 했어도 수없이 남침 땅굴 정보가 나왔을 것입니다.

또 군사력은 어떠합니까? 북이 수적으로나 질적으로 훨씬 우세한데 그것은 어떻게 감당하려 합니까. 더구나 기습남침 하려 하고 거기에 20만 명이 넘는 특수전부대를 남침 땅굴로 남파하여 정규·비정규군 배합으로 전국 동시 전장화하려 계획 중이며 미군이 개입하기 전에 3일 작전으로, 전격전으로 남침하려 하고 있는데 이것을 어떻게 감당하려는 것입니까.

그뿐입니까? 주사파 종북주의자들과 지하당 간첩들이 적어도 10만 명을 헤아리는데 적 남침 시에는 이러한 적대세력이 안과 밖으로 합세하려 할 텐데 이것을 어떻게 감당할 수 있겠습니까.

북은 이와 같은 절호의 기회를 놓치지 않을 것입니다. 앞으로 만일 미군만 철수한다면 곧바로 남침할 것입니다. 그렇다 하더라도 우리 국민들이 일치 단합하여 결사적으로 싸운다면 적을 물리칠 수 있을 것입니다. 대통령이 되었으면 무엇보다 국가 안보가 첫째 임무이고 어떻게 해서든 나라를 지켜야 하는데 그 중대한 사명을 잊거나 소홀히 생각한다면 마땅히 그 자리를 자진해서 물러나고 다른 유능한 적임자에게 맡겨야 하지 않겠습니까. 그렇게 하는 것이 국가 민족에게도

유익하며 본인에게도 합당할 것입니다.

그렇지 않고 욕심을 부리거나 실수하여 엉뚱한 일을 저질러, 아니할 말로 나라를 망친다면 그것은 8천만 민족에 대한 용서받을 수 없는 큰 범죄 행위인 동시에 그 역시 역사의 큰 죄인이 될 것입니다. 필자가 분노하고 흥분한 나머지 다소 과한 언행을 한 것 같지만 이 마음은 필자뿐 아니라 한 줌의 용공분자를 제외한 온 국민의 심정과 같을 것으로 생각합니다.

현재까지 전쟁이 발발하지 않은 것은 주한미군의 보호 덕분

지금까지 우리나라가 보존될 수 있었던 것이 주한미군 덕분임을 모르는 국민은 한 사람도 없을 것입니다. 적도 훤히 알기 때문에 김일성 치하 때부터 김정일, 김정은 정권까지 미군 철수를 위해 갖은 방법과 수단을 가리지 않았습니다. 그런데도 실패하자 결사적으로 핵무기와 미사일을 만들어 그것을 이용하여 최종적으로 미군을 철수시키려고 하는 것입니다. 하지만 문 대통령은 국민의 안타까운 심정을 이해하지 못하고 미군 철수에 동조하고 있습니다.

전시작전통제권을 회수하려 안달하더니 마침내 한미국방장관회의에서 가능성을 열어놓았습니다. 국가 안보의 총 책임자가 그렇게 무지할 수 있습니까. 미군이 철수하지 않도록 수단과 방법을 다하여 사소한 일에까지 주의를 기울여야 할 대통령이 아닙니까. 전시작전권을 회수하는 것은 북한이 무너진 후 천천히 진행해도 되지 않습니까. 박근혜 대통령이 무기한으로 연장한 전작권을 왜 그리 빨리 회수하려 합니까.

전작권을 회수하게 되면 한미연합사령부가 해체되고 UN 깃발과 UN 명칭이 사라지게 되는데, 그것은 미군 철수의 전주곡이나 다름없습니다. 국군 총사령관인 대통령이 그것도 모른대서야 말이 됩니까. 위에 적은 바대로 모든 점에서 국가 안보가 위태로운 상태이지만 미군의 주둔으로 그 모든 약점을 상쇄한 전쟁 억지력이 가능해지고 있는데 말입니다.

국가보안법(國家保安法) 폐지 공약

그뿐입니까. 국가보안법을 폐지하겠다고 공약했다 하니, 도대체 국민을 무엇으로 여겨 희롱하는 것입니까. 국가보안법은 국군과 더불어 한국 안보를 지키는 큰 기둥입니다. 그런데 그것을 허물겠다니요. 정신이 있는 겁니까, 없는 겁니까? 가뜩이나 간첩들과 용공분자들이 설치고 있는데, 국가보안법이 없어지면 그 내부의 적을 더욱 고무하고 지원하겠다는 것밖에 더 되겠습니까.

지금까지 헌법을 소홀히 하고 많은 헌법을 위반해 왔음을 온 국민이 염려하고 있습니다. 그러한 용공적(的)인 사상과 행태로는 백척간두(百尺竿頭)에 선 이 나라를 구하고 이끌 수 없을 것입니다. 지금이라도 크게 깨달아 제대로 나라를 운영할 것을 국민 한 사람으로서 간곡히 당부하는 바입니다.

다시는 한반도(韓半島)에서 전쟁이 발발하지 않아야 하며, 이것은 한(韓)민족의 간절한 소망입니다. 앞으로 몇 년간만 전쟁이 없으면 북한은 망할 수밖에 없는 체제인 것이 현 상황입니다. 그렇게 악독하고 사람의 생명을 파리 목숨처럼 경시하여 학살하는 자들이 한 나라를 오래 지탱할 수 없음을 인류의 역사가 증명하고 있습니다.

다만 시간이 문제입니다. 우리가 안보 태세를 강화하고 한미안보동맹을 강화하여 기다리기만 하면 머지않아 통일은 자연스럽게 다가올 것입니다. 『손자병법(孫子兵法)』에도 "적이 오지 않을 것을 기대하지 말고 만반의 대비를 갖추어 적이 오지 못하도록 하라"고 하였습니다.

북핵과 낮은 단계 연방제(聯邦制)의 흉계

지난날 김대중 정부 시기에 있었던 북과의 '6·15선언', 노무현 정부 시기의 '10·4선언'을 계승한 문재인 정부와 북 사이의 '판문점선언', '평양선언'은 핵 폐기 선언이 아니라 핵 보유를 인정한 바탕 위에 세워졌으며 먼저 낮은 단계 연방제로 가기 위해 더불어 한국의 안보체제를 해체하기 위한 북의 전략입니다. 이러한 선언들은 북의 핵 보유를 인정하고 한미동맹 해체와 연방제 통일에 합의한 문서라고 볼 수 있습니다.

북은 노동당 규약과 헌법에 핵 보유를 명확히 선언하고 있습니다. 미북 회담을 통해서 핵을 폐기할 것 같은 자세를 취하면서 마지못해 조금씩 핵을 포기하는 듯 보이지만 완전히 포기하지는 않을 것이며, 핵 포기 단계마다 종전선언, 평화협정과 미군 철수를 노린 벼랑 끝 전술까지도 서슴지 않을 것으로 보입니다. 북은 외무상을 비롯한 외교 분야 인사들을 오랫동안 외교계에 남겨두어 능수능란한 외교 능력을 갖추도록 하고 있습니다. 그러므로 우리의 얼치기 외교관으로는 대등한 외교를 하기가 어렵습니다.

북은 우리의 3대에 걸친 용공적인 대통령들과 맺은 낮은 단계 연방제를 밀어붙일 것이며 그러할 경우, 김일성이 자신했듯이 북의 뜻대로 '나름대로의 평화통일'이 될 것을 확신할 것입니다. 저들의 속셈은 김일성이 말한 것처럼 낮은 단계 연방제를 추진할 때의 총선거에 있습니다. 북한의 2,300만 인구는 북의 장악하에 있으므로 문제가 없고, 남한의 선거에 대하여는 김대중 정권이 장악한 언론을 활용하거나 촛불혁명 수단과 공포 분위기 속에서 선전 활동을 전개하여 적어도 남한 인구 반 이상의 표를 얻을 것이므로 북의 2,300만 표와 적어도 남(南)의 반인 2,500만 표를 합하면 2대 1로 북이 승리하여 목적을 달성할 수 있다는 것입니다. 승리를 확신하지만 만일 뜻대로 안 될 경우 만반의 준비를 갖춘 무력으로 적화통일한다는 것입니다.

참으로 가공할 흉계가 아닐 수 없습니다. 이와 같은 흉계를 현재 남과 북이 추진하고 있습니다. 저들은 이 전략은 북핵 문제와 상관없이 추진 가능하며, 북핵 문제와 연관시키면 상승효과를 거두어 더욱 유리하다고 보고 있는 것입니다. 참으로 놀라운 흉계가 아닌지요. 그것을 현 정권이 공공연히 대담하게 얼렁뚱땅 선전하며 국민조차 잘 모르게 추진하고 있습니다.

순진한 우리 국민들은 한결같은 소원인 남북통일이 머지않아 오는가 보다 하고 상당수가 최면 상태에 빠져 있는 듯합니다. 온 매스컴을 총동원하여 미화하며 부추기고 있습니다. 한심한 매스컴, 싸가지 없는 매스컴이라고 아니할 수 없습니다. 공정하고 독자적인 판단으로 국가와 민족에 덕이 되게끔 보도해야 하는데 용공분자들의 장난에 넘어가서야 되겠습니까. 수많은 선열들과 수많은 미군을 비롯한 UN군의 고귀한 희생으로 구한 조국이 아닙니까?

문 대통령은 헌법을 무시하여 많은 조항을 위반하고 대한민국을 절대다수의 국민이 원하는 자유민주주의 국가가 아닌 북한과 같은 공산주의 국가로 이끌어가고 있다고 의심받고 있습니다. 우리는 유물주의와 프롤레타리아 독재 운운, 북한식 공산주의 또는 봉건적 제왕주의를 원치 않습니다. 어디까지나 자유민주주의 체제, 인권을 존중하는 사회, 시장경제 제도를 원하며 지금과 같은 자유민주주의 사회에서 물질이 아닌 인간으로 살기를 원합니다.

지난날 슬기로운 조상들의 '신문고(申聞鼓)' 제도를 본받아 주권자인 국민 여러분께 억울하고 위험천만한 우리나라의 처지를 간곡히 호소하는 바입니다.

월남(越南 : 베트남) 패망의 교훈을 거울삼아

지금 우리나라는 45년 전 월남의 모습과 너무나 비슷합니다. 국내 정치의 혼란과 보수 정당의 무력화, 국민의 너무나 안이한 안보의식과 사기저하(士氣低下), 군사력 약화, 10만 명이 넘는 베트콩과 같은 종북세력, 남한 전 지역에 침투한 남침 땅굴의 존재, 각계각층에 침투해서 활동하고 있는 지하당 간첩 조직 등 참으로 가공할 만합니다.

김일성-김정일-김정은은 3대에 걸쳐 '월남 패망'을 모델로 하고 있습니다. 김정은 무리는 핵무기 개발·보유로 자신만만한 상태입니다. 미군이 철수만 하면 대남 적화통일은 식은 죽 먹기라고 자만하고 있습니다. 미북 핵무기 교섭을 통해서 종전선언과 평화협정을 이끌어내고 미군을 철수시키고자 획책하고 있습니다. 월남에서 파리평화협정을 체결하여 미군을 철수시킨 후 적화통일한 것처럼 말입니다. 북이 핵무기를 개발한 것은 미국과의 흥정을 통해서 미군을 철수시키는 데 그 목적이 있습니다. 적은 시종일관 적화통일을 하고자 갖은 술책을 다 써왔습니다.

평화협정체결은 안보를 기약할 수 없습니다. 지금까지 세계에서 10회 이상 평화협정이 체결되었지만 한 번도 제대로 지켜진 일이 없습니다. 더구나 우리는 평화협정이 체결될 경우 미군 철수를 우려해야 합니다.

앞으로 북은 핵무기를 이용하여 미군을 철수시키고자 전력을 다할 것입니다. 미국은 본토까지 도달할 수 있는 북의 ICBM(대륙간탄도탄)을 없애는 데 있어서 북의 교묘한 술책에 빠져 결국 벼랑 끝 전술 흥정에 넘어가 미군을 철수할 가능성이 다분합니다.

만일 미군이 철수한다면 북은 미군이 다시 오기 전에 3일 작전으로 남침하여 적화통일하려 할 것입니다. 그러면 상기(上記)한 바와 같이 북의 교묘한 전략·전술로 적화하고자 광분할 것입니다. 우리는 어떻게 해서든 남침의 큰 억지력인 미군이 철수하지 못하도록 총력을 다해야 합니다. 김일성은 1975년 7월 25일 월남이 패망하자 기쁨이 충

만해서 중국에 달려가 "잃을 것은 휴전선이요, 얻을 것은 통일"이라고 외쳤습니다.

'월남 패망'을 모델로 하고 있는 북은 남(南)에 베트콩과 같은 주사파 등의 종북세력을 만들었고 강력한 지하당을 구축하였습니다. 만일 북의 남침 시에는 이들이 베트콩과 같은 역할을 수행할 것입니다. 이미 완공된 남침 땅굴로 침투한 특수전부대를 이용하여 속전속결로 전 국토 동시 전장화와 정규전·비정규전 배합의 전략·전술을 활용할 것입니다. 우리는 전력을 다해 군사력을 강화하여 이에 대처해야 합니다. 문재인 정부가 북의 구호를 본떠 '우리 민족끼리'의 구호하에 낮은 단계 연방 정부를 획책하는 것은 전적으로 잘못되었으며, 앞서 말한 북의 꼬임에 넘어가지 말아야 합니다.

우리는 '월남 패망'의 교훈을 거울삼아 모든 일을 슬기롭게 극복해야 할 것입니다. 우리의 억지력은 한미동맹 강화와 군사력 증강 그리고 대공기관(對共機關) 강화입니다. 전 주월 공사에서 월남 패망 시까지 사이공에 있다가 월맹에 체포되어 5년간의 옥고를 치른 이〇〇 장군은 월남 패망의 원인을 다음과 같이 말하고 있습니다.

"월남 패망의 첫째 원인은 반공세력의 분열입니다. 둘째 원인은 부정부패의 만연이었으며, 세 번째 원인은 간첩에 대한 보안의 결핍입니다. 네 번째 원인은 자주국방의 의지가 부족했습니다."
　　　　　－ 전 주월공사 이○○ 장군의 월남 패망 원인 및 교훈

　자유월남의 패망은 우리에게 다음과 같은 교훈을 남겨주었습니다.

1) 자기 나라를 지키겠다는 의지와 유사시에 단독으로라도 싸워 이길 수 있는 대비가 없으면 공산 독재 집단에 패망할 수 있다.

2) 북한에 비해 월등한 경제 번영을 누리고 자유를 만끽하고 있다 하더라도 정치인들이 국가 이익보다는 당 이익, 개인 이익에 현혹되어 극한 투쟁을 일삼음으로써 정치·사회 불안을 가져올 경우, 경제 빈국인 공산집단 측에 멸망당할 수 있다.

3) 공산 독재 집단의 침략을 막을 수 있는 것은 오직 군의 전투력뿐이다. 월맹(越盟) 공산군이 사이공으로 진격하고 있을 때 자유월남의 민주화 헌법도, 월맹의 2.5배나 되는 월남의 경제력도, 강대국들이 보증한 파리평화협정도 이를 저지시키는 데는 아무런 소용이 없었다.

4) 국가 안보 기관은 평소 비밀 공산당원(간첩)의 색출을 철저히 하며 그들이 국회나 정부 각 기관, 군 그리고 종교계나 노동계, 학계 등 각계각층에 신분을 위장하고 잠입 활동하는 것을 철저히 봉쇄해야 한다.

5) 집권층의 독선과 부패, 극한투쟁, 반대를 위한 반대는 배격되어야 하며, 특히 친북적(親北的)인 정치투쟁은 금물이다.

언제 한반도에서 전쟁이 일어날지 모릅니다. 전쟁을 억지할 수 있는 것은 주한미군과 적보다도 강한 우리의 군사력이며, 또한 강력한 대공기관입니다. 주한미군은 지금까지 가장 큰 억지력이 되어왔으나 미국과 북이 북핵 협상을 하는 과정에서 미군 철수의 가능성을 계산하여 이에 대응하는 강력한 외교력과 외교정책에 만전(萬全)을 기(期)해야 하며, 특히 미국은 여론이 지배하는 나라이므로 미국민에 대한 외교에도 각별히 힘써야 할 것입니다.

그리고 북의 흉계와 전략·전술에 대하여 잘 알고 있는 전 북한노동당 비서 고(故) 황장엽(黃長燁) 선생(1997.2.12. 탈북)과 1978년 1월 부인 최은희 씨에 이어 6개월 뒤 홍콩에서 북으로 납치되었다가, 1986년 3월 납치된지 8년만에 오스트리아 빈에서 부인과 함께 탈출한 고(故) 신상옥(申相玉) 씨는 북한과 남한을 경험한 바 있을 뿐 아니라 오랫동안 김일성·김정일 측근에서 북한을 속속들이 알게 되었는데, 이 두 사람의 말은 참으로 경청할 만하며 많은 도움이 될 것으로 보입니다.

예비군 강화와 활용책 강조

북의 전략·전술로 보아 우리의 예비군 역할이 매우 중요할 것으로 추측됩니다. 북의 속전속결 전략과 전후방 동시 전장화 전략, 그리고 정규전·비정규전 배합전략에 대처하고자 할 때 예비군이 강화되어야 하고 효율적인 활용방책을 강구할 필요가 있습니다. 지금처럼 엉성한 훈련방식이나 '만만디'의 미온적인 제도로는 감당하기 어려울 것입니다.

주로 북한의 특수전부대를 상대하게 될 텐데 훈련방식이나 활용방식을 잘 연구하여 효과적으로 대처할 수 있도록 보강하며 심사숙고해서 전략을 정해야 할 것입니다. 북의 속전속결 전략 개념에 적응하도록 하며 3일 작전에 적합한 방식을 고려해야 합니다. 선전포고(宣戰布告) 없이 기습작전으로 시작될 것이므로 전쟁과 동시에 이에 적극적으로 대처할 수 있어야 합니다. 전시동원령(戰時動員令)이 내려 허둥지둥 배치된 곳을 확인하여 찾아가는 식으로 하면 너무 늦습니다.

스위스의 방식처럼 즉각(卽刻) 대처할 수 있는 태세가 되어야 합니다. 동원령과 함께 즉각 효과적으로 작전할 수 있는 체제를 갖추어야 할 것입니다.

그러므로 장비 문제 등 군 당국에서 다각도로 철저히 강구, 연구하고 훈련하지 못하면 아무 소용이 없습니다. 군 당국에서 철저히 연구하고 훈련하여 작전에 임해야 합니다. 가급적(可及的) 평상시부터 특수전부대에 대한 동향을 파악하여 즉각 대처할 수 있는 체제(體制)가 되어야 할 것입니다. 구시대적 방식으로 하다가는 유명무실한 예비군이 되기 쉽습니다. 군 당국에서 철저히 연구하고 실전과 같이 훈련하고 작전에 임해야 합니다. 적의 작전 개념과 특수전부대가 전국 도처에 언제나 나타날 수 있는 것을 감안해야 할 것입니다. 이 특수전부대를 제압하는 것에 예비군의 역할이 지대할 것으로 보입니다.

그리고 적의 공격 제대(梯隊)가 탱크를 앞세우고 물밀듯이 고속도로를 이용해 부산으로 공격해올 텐데 이것을 저지하기 위한 방법 등을 연구하고 장비를 갖추는 등 참으로 해결해야 할 문제가 많습니다.

적의 공격 양상을 고려하여 그에 상응한 효과적인 예비군 활용 방안을 강구해야 합니다. 적은 특수전부대를 통해서 고속도로상의 교량, 터널, 감제고지, 교통 요충지 확보를 노릴 텐데 그것을 저지하고 각 지역마다 특수전부대를 각개격파하도록 해야 합니다. 적의 공격 제대가 고속도로로 내려올 때 탱크 장애물 설치, 교량 파괴, 터널 파괴, 감제고지 점령 등 적의 공격 부대를 저지하는 것도 예비군의 적합한 임무가 될 것입니다.

막대한 예산 문제, 장비 문제는 어떻게 해야 할 것인가 등의 과제가 많을 것으로 보이며 또한 미국과도 긴밀한 협의가 필요합니다.

후방 예비 사단을 강력한 전투 사단으로 개편해야

'죽느냐 사느냐'의 절박한 심정으로 준비하지 않으면 효과를 거두기 어렵습니다. 적의 특수전부대가 어떻게 할 것인가를 예상해 보면, 적이 전방을 돌파 후 전과 확대를 위한 공격 제대가 고속도로를 이용하여 물밀듯이 내려올 텐데 예비군만으로는 이를 저지하기 어려우므로 현재의 후방 예비 사단을 상시 전투사단화 또는 기갑사단화 해야 하는 등 그 밖의 긴요한 문제가 많을 것입니다.

그동안 이러한 문제들도 고려하여 준비했어야 했습니다. 예산이 없어 어찌할 수 없었다는 구실은 말도 안 됩니다. 안보상 꼭 필요한 것이면 어떻게 해서든지 설득을 해서 해결책을 모색했어야 함이 마땅합니다. 안보는 모든 것에 우선해야 하기 때문입니다. 반면 현재는 대북관이 너무나 안이하고 북에 동조적(同調的)인 현 정부로서는 상기한 군사력 증강은 매우 기대하기 어렵습니다. 그러나 사생결단하고 추진해야 하는 문제입니다.

　현재의 전쟁 억지력은 주한미군입니다. 그렇기 때문에 어떠한 경우에도 미군이 철수하지 못하도록 해야 합니다. 이것은 우리나라의 지상과제(至上課題)입니다. 우리가 살길은 바로 이것입니다. 모든 수단과 방법을 다 모색해야 합니다. 간첩은 물론 주사파나 용공분자는 국회나 정부기관에 일절 넣어서는 안 됩니다. 이것은 우리 국민이 명심(銘心)하고 또 명심해야 할 일입니다. 그것이 우리가 살길입니다. 만일 월남처럼 패망한다면 지금의 종북주의자들도 다 숙청 대상이 될 것입니다.

제3장
한미동맹 강화

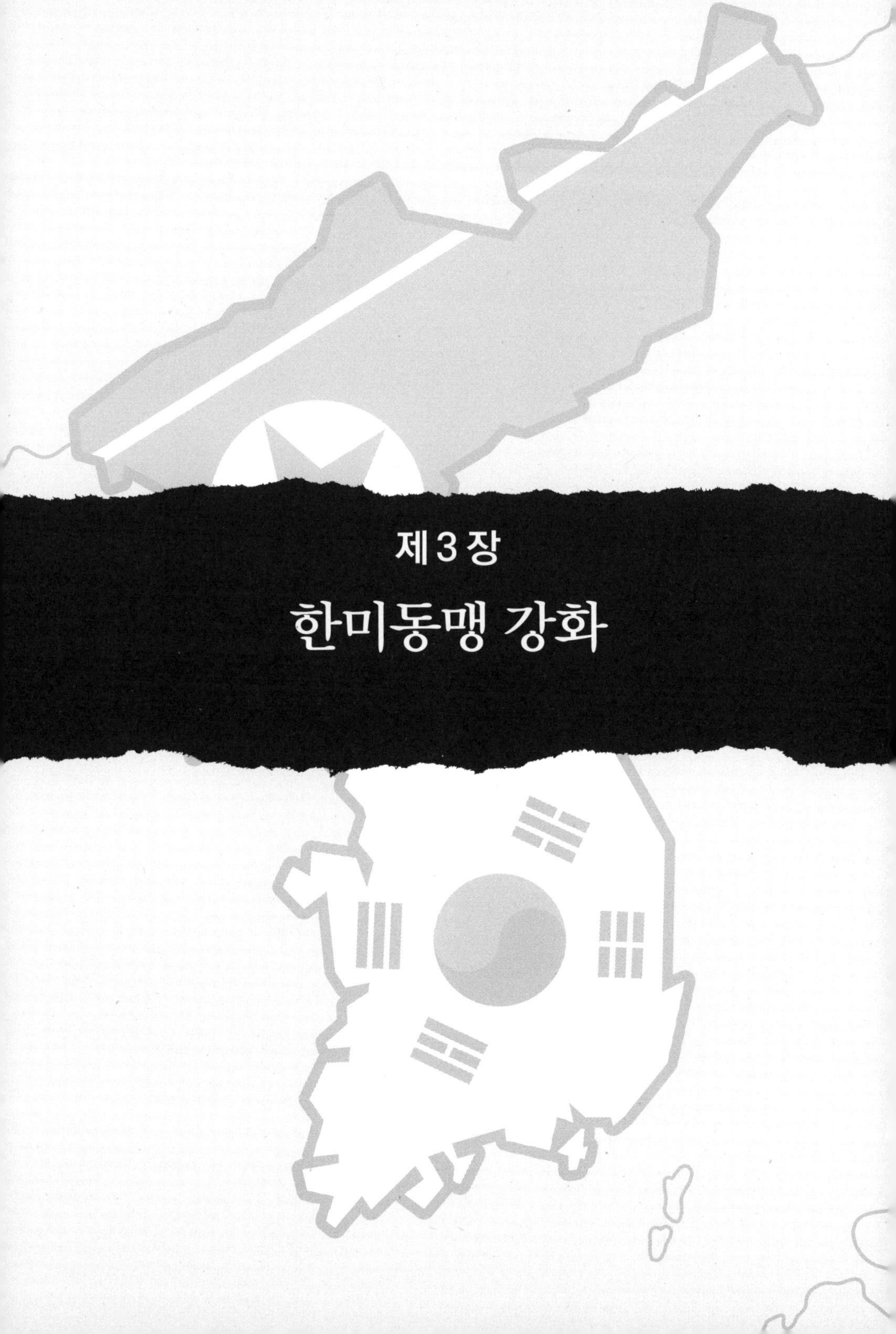

미국은 한국의 구원자

휴전 후 오늘날까지 주한(駐韓)미군은 북한군 남침의 큰 억지력이 되어왔습니다. 그러므로 북한은 주한미군 철수를 줄곧 입버릇처럼 되뇌어왔던 것입니다. 6·25동란 시 이 나라가 풍전등화와 같이 위급했을 때 미군을 주축으로 한 UN군이 이 나라를 구원해 주었으며, 만일 그때 미국이 도와주지 않았다면 이미 이 나라는 적화되고 말았을 것입니다. 만일 그렇게 되었더라면 우리는 현재의 북한 동포처럼 비참한 처지가 되었을 것입니다.

근래 이 나라에서 주한미군 철수를 주장하거나 반미운동을 하는 사람들이 있는데 참으로 배은망덕한 한심하고도 불안한 일입니다. 국가 안보에 무지한 사람이거나 사상이 비정상적인 사람들일 것입니다. 휴전 후 현재까지 이 나라에서 안보가 유지될 수 있었던 것은 오로지 주한미군 덕분입니다.

6·25동란 때 한국을 구해 준 나라가 바로 미국입니다. 온 국민이 잊어서는 안 될 일입니다. 그리고 우리가 안심하고 믿을 수 있는 나라가 바로 미국입니다. 한국동란 시 미국의 54,660명의 전사자와 약 20만 명의 젊은이들이 부상으로 피를 흘려 이 나라를 구원해 주었으니, 그 은혜를 잊고 반미운동을 하는 것은 도저히 있을 수 없는 일입니다.

휴전 후 오늘날까지 65년간 이 나라가 안보를 유지할 수 있었고 자유민주주의 국가가 되고 세계 10위권의 경제 대국이 된 것은 주한미군 덕택입니다. 앞으로 이 나라가 평화통일을 이룰 때까지, 아니 통일 후에도 주한미군은 필요할 터인데 그런 미군을 철수하라고 주장하는 이들은 한국이 적화되기를 바라는 종북(從北) 분자(分子)임이 분명합니다. 만일 주한미군이 철수한다면 그다음 날이라도 김정은의 북한군이 남침해 올 것은 너무나도 분명한 일입니다.

탄핵되었어야 할 용공 대통령들

주한미군 주둔은 이승만 전 대통령이 심혈을 기울이고 뼈를 깎는 고통을 감내하며 탁월한 대 미국 외교를 추진해 이룩한 한미동맹 체결 결과로 이루어진 결정체입니다. 만일 한미동맹을 체결하지 못하였다면 주한미군은 이루어지지 않았을 것입니다. 또한 우리나라 국군이 강화되지 못했을 것입니다.

이승만 대통령은 우리나라의 국부(國父) 대통령입니다. 용공분자들을 중심으로 한 일부 국민이 반대하여 아직도 우리나라에는 국부 대통령이 없습니다. 이 한미동맹이 체결됨으로 말미암아 미군이 주둔하게 되었고, 효과적인 작전 지휘와 더욱 강력한 안보를 확립하기 위하여 전시작전통제권(戰時作戰統制權)이 미군에게 이양된 것입니다.

전작권을 이양받으려고 안달하는 용공 대통령들

그런데 김대중 대통령을 비롯하여 노무현 대통령, 그리고 문재인 대통령은 전시작전통제권을 조속히 이양받으려 해왔습니다. 얼마 전에도 한·미 국방장관 사이에 원칙적인 합의가 이루어져 머지않은 장래에 이양될 가능성이 높아졌습니다. 이는 우리의 안보 상황을 제대로 이해하지 못하고 용공적인 사상을 가지고 있었기 때문이며 적의 남침 흉계, 적의 군사력과 우리의 군사력 등을 제대로 파악하지 못한 근시안적 인식 때문이라고 추측합니다.

우리의 거의 배가 되는 군사력, 전국적으로 침투한 남침 땅굴, 다수의 지하당 간첩들과 베트콩 같은 종북주의자들에 대해 바르게 인식한다면 전작권 이양을 주장할 수 없을 것입니다. 전작권이 미군에게 있기 때문에 한미연합사가 존재하며, 미군이 확고한 책임감을 가지고 한국을 방위하고자 더욱 전력을 강화하려 했던 것입니다.

그러나 만일 자주국방이라는 명분으로 우리가 전작권을 가져오면 한미연합사가 해체, UN 깃발이 내려지고 일본이 우리의 후방 기지 역할을 하지 못하며 매우 소극적인 입장이 될 것입니다. 아직 시기상조(時機尙早)입니다. 북의 위협이 사라질 때까지는 그저 현 상태를 유지하는 것이 옳다고 확신합니다.

현재 우리나라에서 주한미군은 유일한 전쟁 억지력입니다. 그렇기 때문에 우리는 미군이 우리나라에서 떠나지 못하도록, 속된 말로 '바짓가랑이를 비끄러매야' 합니다. 그런데 그렇지 못한 상황이며 과거에도 마찬가지인 사례들이 있습니다.

용산(龍山) 미군기지를 둘러싼 정부의 실책

상기와 같이 한국의 안보는 주한미군과 직결되어 있고 주한미군의 존재가 절실한데 지난날 김대중 정부 시절에 미군 용산기지를 놓고 협의한 결과를 보면 참으로 실망스럽고 너무나 한심합니다. 도대체 이 나라 대통령과 안보 당국은 우리나라의 안보 현실을 제대로 보고 있는지, 이에 대한 전략적인 판단 능력이 있는지 의심하지 않을 수 없습니다. 너무나도 상식 밖의 처사였습니다.

용산기지와 관련하여 미국 측은 기지 내 미군 7천 명 중 잔류할 천 명과 가족, 군무원 등을 위해 기지 81만 평의 약 30%인 28만 평의 땅을 제공해 달라고 하였으나 우리 측은 기지 이전(移轉) 취지와 국민 정서상 17만 평 이상은 수용이 불가능하다는 의사를 표명, 결국 이 문제로 옥신각신하다 미국 측의 주장을 제대로 받아들이지 못했다고 합니다.

이 나라의 안보 현실을 제대로 인식도 하지 못하고 있고 미국이 우리나라 안보와 발전에 필수 불가결한, 참으로 중요한 존재이며 과거 6·25동란 때 우리나라 구원에 지대한 공헌을 했다는 사실들을 까마득하게 잊어버린 것 같습니다. 나라가 있고야 용산이 있는 것 아닙니까. 그까짓 11만 평이 문제입니까. 용산기지 81만 평이 왜 이 중요한 시기에 거론되는 것이며, 미국을 언짢게 만든단 말입니까. 이 나라에서 북의 위협이 사라진 다음에 서서히 생각해도 될 일이 아닌지요.

이렇게 전략적 사고도 하지 못하고 은혜도 몰라서야 어디 말이 됩니까? 그래서 용산 땅을 회수해서 뭘 하겠다는 것입니까. 서울시청을 옮기고 시민공원을 만들고 기타 용도로 쓰겠다는 것인데, 그것이 뭐가 그리 중요합니까?

이 나라에서 시급하고 중요한 일이 국가 안보 아닙니까. 그것을 조금이라도 해치는 일은 결코 용납해서는 안 됩니다. 국민 중 한 사람으로서 그 어리석은 일에 대하여 통탄하며 규탄하지 않을 수 없습니다. 우리나라 안보를 위해서는 되도록 많은 미군이 서울에 거류(居留)할 수 있도록 배려했어야 합니다. 저들의 감정을 조금이라도 상하게 해서는 안 됩니다.

미국의 이라크 또는 아프가니스탄 파병 요청에 1개 사단을 파병했어야

그리고 이라크 파병 문제나 아프가니스탄 파병 문제만 해도 그렇습니다. 미국이 조급해서 전투부대 파병 요청이 있었으면 혈맹으로서, 또한 6·25동란 시 우리나라를 구해 준 은혜를 생각해서, 또는 앞으로도 계속 한국 안보를 부탁하는 뜻에서라도 최대한 단시일 내에 상당한 규모, 적어도 1개 사단 규모의 전투병 파견에 대하여 결단하고 설득했다면 우리나라 국민들이 이해 못할 리가 있겠습니까.

그리하여 재빨리, 적어도 요청받은 지 1개월 내에 파견했어야 옳습니다. 6·25동란 때 미국은 북괴가 남침한 지 1주일 만에 미군을 파견하기 시작하여 이 나라를 구해 주었습니다. 미군의 지원이 1주일만 늦었다면 이 나라는 적화되고 말았을 것입니다. 미국은 자기네 젊은이들의 많은 피 흘림을 무릅쓰고 도와준 것이 아닙니까.

아직도 북한이 호시탐탐(虎視眈眈) 남침 기회를 노리는데, 만일 적이 또다시 남침할 시에는 작전계획 5027(OP5027)에 의해 50만 병력과 5개 항공모함단, 수많은 함선과 항공기까지 동원하려 하는데도 우리는 너무나 성의가 부족했습니다. 우리가 그때 실제로 1개 사단 병력을 파견했다면 한국에 대한 미국민의 세평(世評)이 월등하게 격상되었을 것입니다.

한국은 과연 혈맹(血盟)으로서 믿을 만한 나라구나, 만일 한국에 무슨 일이 있으면 발 벗고 나서서 도와야겠다는 생각을 미국민에게 각인(刻印)시켰을 것입니다.

좋은 기회를 놓쳤습니다. 미국은 여론 국가입니다. 베트남 전쟁 당시 미국민이 전쟁 염증을 일으켜 반전 여론이 널리 퍼져, 결국 평화협정을 맺게 되어 미군이 철수하였고, 북월(北越)이 재차 남침 시에는 돕지 않아 결국 월남이 패망하고 말았습니다.

우리는 미국에 대하여서는 성의를 다해야 합니다. 살기 위해서라도 그렇게 해야 합니다. 미국민의 감정을 해쳐서는 안 됩니다. 미국의 세계 전략상 한국의 중요성을 더욱 부각시키고 신뢰할 만한 나라라는 인상을 깊게 심어주어야 한다고 생각합니다.

고(故) 황장엽 선생의 회고록에 기록되어 있듯이, 북한 군부는 김일성과 김정일에게 기회가 있을 때마다 조속한 남침을 촉구하였다는 사실을 우리는 결코 잊어서는 안 됩니다. 우리의 가장 큰 전쟁 억지력인 주한미군에게 최선을 다해 성의를 표해야 할 것입니다.

애치슨 미(美) 국무장관 회고록에 나타나는 한국의 아슬아슬한 운명

1969년에 출판된 전 미 국무장관 딘 애치슨의 회고록 『현대사가 만들어지는 현장에서(Present at the Creation)』는 6·25동란을 중점적으로 다루고 있습니다. 애치슨 회고록의 내용은 다음과 같습니다.

1950년 9월 15일, UN군은 인천상륙작전의 성공으로 전세(戰勢)를 일거에 역전시키고 파죽지세로 북진을 계속하여 10월엔 남북통일을 눈앞에 두고 있었다. 하지만 중공군(中共軍) 참전에 의한 대공세에 직면하여 워싱턴은 공황 상태에 빠졌다. 이 시기에 한국의 운명이 워싱턴에서 몇 번이나 죽었다가 살아나는 곡절을 겪었다. 미국은 몇 번이나 미군 철수와 한국을 포기하는 계획과 한국을 공산군에게 넘겨줄 수 없다며 그 계획을 포기하는 것 사이에서 갈등하는 가운데, 결국 이 과정에서 한국을 포기하지 않기로 결심한다. 이에 큰 역할을 한 인물들은 애치슨 국무장관, 마셜 국방장관, 리지웨이 8군 사령관 그리고 트루먼 대통령이다.

당시 영국은 노동당이 집권하고 있었다. 애틀리 수상은 1950년 12월 초 워싱턴에 와서 트루먼 대통령을 만났을 때 미군이 한국에서 철수하고 UN 안보리 의석을 대만에서 빼

앗아 중공에게 주어야 한다고 설득했다는 것이다. 당시 퇴각 중이던 미군을 안전하게 빼내어 오려면 그 정도의 대가(代價)를 지불해야 한다는 논리였다. 이에 대해서 트루먼은 단호하게 말했다고 한다.[7]

"우리는 한국에 머물고 싸울 것이다. 다른 나라들로부터 지지를 받으면 더 좋고 지지가 없더라도 우리 혼자서라도 한국을 포기하지 않을 것이다."

영국은 캐나다, 인도 등 영국 연방 국가들을 동원하여 1951년 1월 한국을 실질적으로 포기하는 휴전안을 만들어 UN의 결의로써 중공에 대해 제의하자고 나섰다. 애치슨은 고민했다. 영국 등이 초안한 제의 내용은 현 위치에서의 휴전,(당시 중공군은 수원까지 진출했었다) 모든 외국 군대의 단계적 철수 등으로 한국의 실질적 포기를 핵심으로 다루고 있었기 때문이다.

애치슨은 만약 이 휴전안에 미국이 동의하고 중공이 수용하겠다고 나서면 한국을 잃는 것이 되고, 이 제의에 동참하지 못하겠다고 나서면 UN과 동맹국의 지지를 잃게 될 것이라고 생각했다. 그는 중공이 결코 이 제의를 받아들이지 않을 것

---

7) 본문은 〈월간조선〉 2003년 10월 호에 의거함

이라고 판단했다. 중공은 그 무렵 대만으로부터의 미군 철수
와 중공이 UN에 가입해야 한다는 것을 휴전의 조건으로 내
세우고 있었던 것이다. 그래도 만약 중공이 받아들인다면?
 애치슨은 트루먼을 설득하여 영국 등이 마련한 휴전안에
동의한다. 속으로는 중공이 거부해 주기를 간절히 바라면서.
과연 UN이 채택한 휴전안을 중공은 거부한다. 미국은 안도
했다. 영국은 중공을 침략자로 규정하는 UN 결의안에 동참
하지 않을 수 없게 된다.
 만약 그때 중공이 UN의 휴전안을 받아들였다면 휴전선은
충청도 금강을 따라 그어졌을 것이고 미군 철수 직후 한국은
공산화되었을 것이다. 리지웨이 장군은 교통사고로 죽은 워
커 사령관 후임으로 부임하여 중공군의 남진(南進)을 저지하
고 봄에 반격으로 전환한다. UN군은 곧 서울을 탈환하고 38
선을 회복했다. 이때부터 한국 포기라는 말이 사라졌다.

 상기 애치슨 회고록에 나타난 내용은 국제정치의 비정함
과 무상함을 우리에게 일깨워주는 동시에 미국이 한국 안보
에 대한 확고한 의지가 있더라도 국제정치의 변동에 따라서
는 한국을 포기할 수도 있었음을 알게 하는 것입니다. 그러
나 굳건한 한미동맹이 있었기에 그 후의 여러 정세에 잘 대처
할 수 있었습니다.
 이러한 일들을 통해서도 한국의 독자적인 억지력, 즉 군사

력 증강과 대공 활동이 얼마나 중요한 것인가를 다시 한 번 반추할 수 있습니다. 우리나라는 미국의 세계 전략에서 매우 중요한 위치를 차지하고 있습니다. 그 중요성을 잃지 않도록 한국에 대한 신뢰감을 유지·발전시키는 동시에 한미동맹을 더욱 강화하도록 온 국민이 힘써야 할 것입니다.

한국 안보를 위해서는 중국이 아닌 일본과의 동맹 필요

한미동맹을 더욱 공고히 하는 데 있어서 또 하나의 좋은 방법은 미국이 가장 중요시하고 있는 일본과 친밀해지는 것입니다. 미국은 세계 전략상 일본을 가장 중요시하고 있습니다. 중국의 도전을 물리치고 러시아를 견제하며 패권을 계속 유지하려면 일본과의 동맹이 더욱 강화되어야 한다고 믿고 있습니다.

그러므로 우리가 일본과 친밀하며 유대(紐帶)를 강화한다면 미국은 우리를 지금보다 더 소중하게 생각할 것입니다. 일본 역시 장차 중국이나 러시아에 잘 대처하려면 한국과의 관계를 긴밀히 할 필요성을 자각하고 있습니다. 세 나라, 즉 한국·미국·일본의 이해관계가 일치합니다. 따라서 한·미·일 동맹이 가장 바람직합니다. 과거의 악연(惡緣) 때문에 일본을 멀리하려고 하는 것은 오늘날 우리나라에 도움이 되지 않습니다. 우리의 큰 위협인 중국을 견제하고 우리의 주권을 확보해서 발전해 나가려면 해양국가인 미·일, 더구나 자유민주주의 국가인 이들 두 나라와 더욱 관계를 돈독히 할 필요가 있습니다.

어떻게 해서든지 한국을 자기 세력권에 넣어 지배하려고 하는 야욕이 중국이 가지고 있는 세계 전략입니다. 그리하여 과거 역사를 보아도 중국은 우리를 계속 속국으로 지배해 왔고 우리의 강토를 수없이 침탈해 왔던 것입니다. 더구나 중국은 공산주의 국가이며 북한의 동맹국입니다. 과거의 악연에 너무 구애받지 말고 미래의 생존과 번영을 위해 자유민주주의 국가이며 해양국가인 미국·일본과 같은 협력권(協力圈)에 들어가야 합니다.

더구나 수출입(輸出入)을 입국으로 하는 우리로서는 무엇보다도 자유롭게 무역을 할 수 있는 해상로(海上路) 확보가 가장 중요합니다. 더구나 중국은 지난날 우리나라를 2천여 년 동안이나 속국으로 삼아 갖은 포악한 일을 해왔으며 노예처럼 우리를 학대한 나라가 아닙니까? 일본은 우리나라를 36년 동안 속국으로 삼아 많은 악행을 저지른 나라이긴 합니다. 그러나 중국에 비하면 기간이 극히 짧고, 당시는 제국주의 시대로 세계 열강들이 식민지를 일삼던 시대였음을 고려한다면 일본이 중국보다 훨씬 낫다고 볼 수 있습니다.

그런데 최근까지 중국에 대해서는 아무 말도 없고, 일본에 대해서만 계속 적대시하고 있습니다. 이것은 용공세력의 부추김의 결과이기도 합니다. 외교적인 친선관계는 필요하겠지만 지정학상 중국과는 동맹이나 또는 동맹에 가까운 관계는 맺기 어렵기까지 합니다.

거듭 말씀드립니다. 앞으로 우리나라가 생존권을 유지하고 잘 살아가려면 공산국가인 중국보다는 같은 민주주의국가인 일본과 더욱 친할 필요가 있습니다. 그렇게 해야 미국과 더욱 친할 수 있고 한국 안보에 도움이 되기 때문입니다. 일본은 중국이나 러시아에 대항하려면 우리나라와 친밀할 필요가 있기 때문에 우리나라를 놓치지 않으려 애쓸 것입니다. 우리나라가 건전하게 버티고 있는 것이 자기 나라에 유리하고 함께 협력관계를 돈독(敦篤)히 하는 것이 국가 안보에 도움이 되기 때문입니다.

그런데 문재인 정권은 일본은 멀리하고 중국과 친밀해지려 무던히 애쓰고 있습니다. 그런 식으로는 미국의 미움을 사기 쉽습니다. 앞으로 세계의 패권을 위하여 미국은 중국과 계속 대립해 나가야 할 입장이기 때문입니다. 문재인 대통령으로서는 앞을 내다보고 어떻게 처신하는 것이 한국에 유리한지 고심해야 하며 안보에 유리한 쪽을 택해야 합니다. 그것이 국가 안보에 필수적인 사항이며, 한국 대통령의 사명이라고 생각합니다.

〈북의 남침전략〉

북은 핵 문제로 미국과 협상 시, 전력을 다하여 미군 철수 획책

앞으로 북이 핵 문제를 가지고 미국과 회담을 추진할 때에는 갖은 술책으로 미군을 철수시키고자 전력을 다하리라고 생각합니다. 먼저 종전선언(終戰宣言)을 시도할 것이며 그다음에는 평화협정을 맺으려 할 것입니다. 핵을 모두 제거하지 않고 일부는 은닉하며 경우에 따라서는 벼랑 끝 전술을 써서라도 기어코 미군을 철수시키고자 갖은 흉계를 다 쓸 것이라고 예상합니다.

이러한 때에 한국은 지혜와 열성을 다하여 미군이 철수하지 않도록 전력을 다해야 합니다. 일본의 협력을 얻어 한·일 양국이 합세해서 미국에 강력히 요청하고 UN에 협력을 요청한다면 상당한 성과를 기대할 수 있을 것입니다. 어떻게 해서든 현 정부가 미군 철수를 하지 못하도록 최선을 다하기를 온 국민이 독려해야 한다고 사료됩니다.

그러나 최악의 경우에는 미군 철수 가능성이 있으므로 그에 대한 대비책도 미리 강구할 필요가 있습니다. 만일 미군이 철수한 경우에 북이 남침 시에는 미국이 즉각 증원군을 보낸다는 협정을 맺어야(지키도록 해야) 합니다. 그리고 더욱더 대미외교를 강화하는 한편, 미국민에 대한 외교도 펼쳐야 합니다. 북핵 문제 해결 시 북은 수단 방법을 가리지 않고 미군 철수를 획책

할 것이고 그에 따라 미군의 철수가 가능할 수도 있기 때문입니다. 우리의 외교 당국은 여러 가지 경우를 산정하여 지혜를 짜고 고심해야 합니다.

    더불어 우리나라는 중국의 위협을 받기 때문에 한미동맹은 현재뿐만 아니라 앞으로의 통일을 위해서, 또한 통일 후에도 꼭 필요합니다.

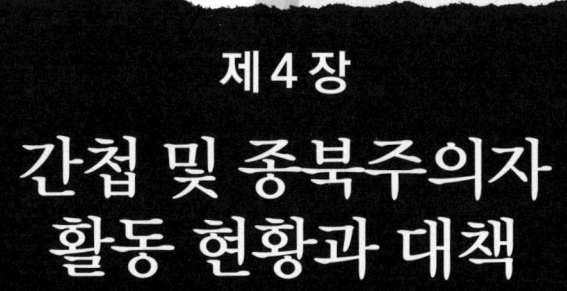

제4장
간첩 및 종북주의자 활동 현황과 대책

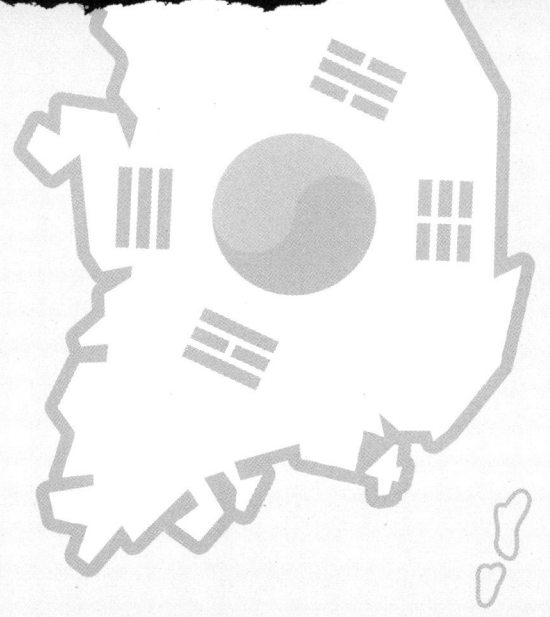

간첩 및 종북주의자 활동 현황

1995년 6월 호 〈월간조선〉에 의하면 전 안기부 1차장 정○○ 의원은 국내 친북세력이 총 42,000명이라고 밝혔다고 합니다. 그가 밝힌 분석 결과에 따르면 42,000명의 친북세력은 대학 등 학원가에 18,000명, 노동계 10,000명, 재야·종교단체 5,500명, 교육·문화·언론계에 8,500명이 활동 중이라는 것입니다. 이들 중 핵심세력은 12,000명에서 15,000명, 적극 동조 세력은 3만 명이라고 밝혔습니다. 이념 성향별로는 주사파 등 NL계는 27,000명, 사노맹 등 PD계는 15,000명으로 알려졌습니다.

그간 공안 사건 수사를 통해 얻은 조사 결과를 종합 분석해 얻어낸 수치라고 합니다. 북한은 대남 공작에 과거보다 몇 배 이상의 돈과 인력을 투입하고 있으며, 2002년 5월 호 〈월간조선〉에 의하면 전 안기부 1차장 정○○ 씨의 국내 친북세력의 분포도는 핵심세력(또는 전위세력) 12,000명, 동조세력 32만여 명, 부동세력 400만여 명이라고 분석했습니다.

핵심세력은 공산주의 사상으로 무장된 비노출(非露出) 직업 혁명가들을 뜻합니다. 이들은 각 좌파 조직의 주도세력(간부급)으로 활동하면서 각종 불법 집회나 시위를 배후에서 조종합니다. NL 주사파 계열이 8천여 명, 마르크스·레닌주의 계열이 4천 명 정도로 추산된다고 합니다. 동조세력은 공산주의 사상을 받아들인 수준에 있는 자들입니다. 이들은 공개조직의 간부급이나 좌파 조직의 조직원·선동대로 활동하면서 각종 시위나 집회 시 직접 참가하여 불법 투쟁을 하는 적극적 추종세력을 말합니다.

이들 중에는 상당수의 고정(固定)간첩이 있을 것으로 보입니다. 부동(不動)세력은 '이 세상이 확 뒤집어졌으면' 하는 생각을 가진 불만세력입니다. 세상이 어지러워지면 좌파에 가담할 수 있는 잠재적 좌파세력이라고 할 수 있습니다. 각종 여론조사 결과를 보면 전 국민의 약 10% 정도가 좌파로 추정됩니다.

김영삼 정부 시기, 안기부를 비롯한 대공 기관 대폭 축소와 개편

1997년 2월 호 〈한국논단〉에 의하면, 김영삼 정부 출범 이후 정체를 알 수 없는 사람들이 청와대와 국회 등 정권 핵심부에 포진하면서부터 대공 정책의 기류가 이질적인 방향으로 흐르기 시작했다고 합니다.

안기부를 비롯한 대공 기관의 대대적인 기구 축소와 개편이 이루어졌으며 1993년 3월 25일, 기구 개편 후의 안기부는 당시 정치 담당 제4국 및 차관급 차장보제 폐지와 함께 시·

도 지부 출장소가 22개에서 6개로 축소되었고 국장급의 70%와 과장급의 50%가 전보 조치되었으며 1994년 25일에는 안기부법이 개정되어 국가보안법상 찬양·고무·불고지죄(不告知罪) 등의 대공(對共) 수사권이 폐지되었고 정치관여 금지, 직권남용 금지 등 근거 조문의 신설로 안기부가 무력화되는 결과를 가져왔습니다.

비슷한 시기에 국군 기무(機務)사령부의 직급이 중장급에서 소장급으로 하향 조정되었고 3월 29일에는 기무사 조직 개편안의 발표로 대민 정보 담당 정보처를 폐지하였으며 기무사 기관 요원 감축, 지방 도시 파견 사무실의 영내 철수, 기무사령관의 대통령 직접보고를 폐지하고 반드시 국방장관을 거치도록 하는 등 개혁과 기능 약화가 동시에 추진되었습니다.

경찰의 경우에는 축소 규모가 가장 커 74%의 대공 요원이 타부서로 전출되는 등 어마어마한 지각변동을 겪었습니다. 개혁이라는 명분 아래 간첩 혐의자에 대한 수사상 도청을 해야 할 경우에도 법원의 영장 없이는 진행될 수 없기에 실질적으로 도청이 불가하다고 합니다. 법원에 영장을 청구하게 되면 한겨레신문 등의 법원 출입 기자들이 청구된 영장을 일일이 살펴보게 되고, 이 과정에서 수사상의 보안이 이미 외부로 노출되어 수사에 막대한 차질이 있을 수 있습니다.

참으로 어처구니없는 일이 일어났습니다. 용공 대통령이

아닌데도 안보에 너무나 무지하고 무능하여 간첩을 잡거나 불순분자를 제대로 대처할 수 없도록 대(對) 간첩기관을 허물어뜨리는 어마어마한 실책을 범하고 말았습니다. 참으로 통탄치 않을 수 없습니다.

대공 기관 약체화로 인한 법의 무력화

한 대공 수사 요원은 국가보안법 위반 피의자의 접견을 제한할 수 없는 점 또한 수사상 큰 애로사항이라고 합니다. 경찰이 간첩으로 의심되는 사람을 잡아놓으면 연행된 지 한 시간도 채 되지 않아 좌경(左傾)된 민변(民辯) 등에서 변호사가 나타나 피의자 접견을 요청합니다. 문제는 경찰이 피의자를 연행하면 대부분이 묵비권을 행사하기 때문에 신원파악도 제대로 하지 못한 상태에서 변호인이 나타나 접견을 요구하는 경우입니다.

한번은 경찰이 변호인 접견을 세 시간 후에 허용한 적이 있다고 합니다. 그랬더니 그 변호사는 경찰로부터 업무 방해를 당했다며 법원에 시간당 100만 원의 손해배상을 청구했다고 합니다. 제보자는 이러니 경찰이 사명감을 가지고 일을 한다는 것은 원천적으로 불가능해지고 그저 정치권의 눈치만 살피게 되었다며 한탄했습니다.

외국인의 경우 일반 형사사건 범죄자는 변호인 무제한 접견 같은 것이 허용되더라도 간첩 혐의자 등에 대해서는 수사상 어느 정도 인권의 제약을 가하는 게 원칙인데 우리나라 경우에는 일반 형사범들은 아직 그런 혜택을 누리지 못하고 있는 것에 비해, 국가보안법 위반자들은 오히려 무궁무진한 법의 보호를 받고 있다는 것입니다. 한때 대공 수사에 막대한 권한을 가졌던 안기부조차 이렇게 무너지게 된 마당에 힘없는 경찰이 소신을 가지고 수사한다는 것은 환상에 가깝다고 한 베테랑 수사관은 말하였습니다.

2002년 5월 호 〈월간조선〉에 의하면 1992년 대선을 앞두고 터진 '이선실 간첩사건'의 경우, 일설에 따르면 당국은 진작부터 간첩 이선실의 존재를 파악하고 있었으나 그가 국내 거물급 정치인들과 접촉한 흔적이 도처에서 나타나자 정치권에 미칠 파장을 우려하여 고의적으로 그를 놓아주었다고 합니다.

상기한 여러 가지 양태는 도저히 이해할 수 없는 일입니다. 호시탐탐 남침하고자 노리고 있는 적을 앞에 둔 나라에서 이와 같은 행태가 만연함은 도저히 용서할 수 없는 일이라고 통탄하지 않을 수 없습니다.

1996년 여름 한총련 사태와 9월의 무장공비 남파를 겪으면서 문민정부의 한동안 오락가락하던 대북노선은 다시 강경론으로 돌아섰다고 합니다. 김영삼 대통령의 대공 기관 약

〈북의 남침전략〉

체화에 대해서는 이해할 수 없고 국민의 한 사람으로서 도저히 용서할 수 없는 일이나, 다시 바른 자세로 돌아섰다니 다행한 일이기는 합니다. 그렇다면 자기의 엄청난 실책을 대통령으로 있는 동안 결사적으로 만회했어야 했습니다. 적어도 대공 기관은 원상 복구시켜야 했습니다.

이와 동시에 정부 여당은 안기부의 수사권 확대를 들고 나왔고, 야당은 이에 반대하였는데 그해 10월 여·야 3당 영수회담에서 김 대통령은 안기부의 수사권 확대를, 김종필 자민련 총재는 경찰의 대공 기능 강화를 주장하였으나 일단 경찰의 대공 기능 강화에 합의가 이루어졌다고 합니다.

그럼에도 불구하고 막상 1997년 국가 예산을 심의하는 국회 예결위원회에서 경찰의 대공 예산 증액 문제가 대두되자 국민회의 이○○ 의원이 "내 목에 칼이 들어온다 해도 이것만큼은 한 푼도 늘릴 수 없다"고 결사적 자세를 보이는 바람에 무산되었다고 합니다. 이런 사람이 오늘날 더불어민주당 대표가 되었으니 참 놀랄 일입니다.

대공 수사 기관을 위축시킨 사법부의 행태

상기한 〈월간조선〉 기사를 보면 정치권 못지않게 대공 수사 기관을 위축시키는 곳은 사법부라고 밝혔습니다. 대공 경찰관 H씨에 따르면 간첩이나 좌익사범을 취조하다 보면 예상 형량에 대해 의견을 주고받는 경우가 있는데 피의자 스스로 "징역 5년 정도면 받아도 원이 없겠다"고 말한 사람들 중에서도 무죄나 집행유예로 풀려나는 경우가 많다고 합니다.

H씨는 이러한 문제의 근본적 원인으로 사법연수원의 교육 과정을 지적했습니다. 그에 따르면 현재 고시 합격자들을 2년 교육 후 판·검사로 임용해 내보내는 사법연수원 과정에 공산주의 이념 비판 교육이 단 한 시간도 없다는 것입니다. 그래도 검사들은 공산주의 실상을 모르는 상태에서 임용되었다가도 공안부 업무를 6개월 정도 하다 보면 어느 정도 실체를 알게 되어 사명 의식을 가지고 일을 하게 되는 데 비해, 판사들은 따로 간첩이나 좌익사범에 대한 전담 부서를 두고 있지 않기 때문에 북한이나 국내 좌익세력에 대해 그다지 심각성을 느끼지 못한 상태에서 판결을 내리는 경우가 많다는 것입니다.

특히 금년도 사법고시 합격자 중에는 운동권 출신들이 그 어느 때보다 많아 심히 우려할 만한 상황이 예상된다고 했습니다. 합격자 중에는 국가보안법 위반으로 집행유예 판결을 받고 그 기간이 끝나지 않았음에도 사실을 숨기고 고시에 응시한 사람도 있다고 합니다.

사법부 다음으로 대공 수사 기관을 위축시키는 곳은 언론입니다. 지난 1988년 당시 노태우 대통령은 조총련이 1980

년도부터 2조 원을 투입하여 국내 언론에 약 800명의 주사파를 침투시켰다고 말한 바 있습니다. H씨는 이 숫자가 그 후 꾸준히 증가일로에 있다고 밝혔습니다.

언론에 침투한 주사파에 의해 줄기차게 나온 국가보안법 폐지 주장도 결국 북한의 대남 전략에 전적으로 따르고 있는 것으로 북한과 국내 좌익은 근본적으로 국가보안법이 없어져야만 혁명이 가능하다고 인식하고 있습니다. 국내에서 합법적으로 공산당이 활동하려면 국가보안법이 없어져야 하기 때문에 국가보안법 폐지 투쟁을 혁명을 위해 한번은 건너야 할 다리로 보고 있는 것입니다.

H씨에 따르면 이들은 레닌의 용어 혼란 전술에 따라 국가보안법을 악법으로, 간첩과 좌익사범을 '양심수'로 규정하여 퍼뜨려서 결과적으로 일반인들에게 경찰이 '양심수'를 잡아 가두고 탄압한다는 인상을 주어서 경찰을 적대시하게 만든다는 것입니다.

용공 정권이 대공 기관을 계속 약체화하여 간첩 천국을 만들다

북한은 6·25동란 후에도 계속 수많은 간첩을 남파하였고 이에 막대한 자금을 투입하고 있습니다. 우리나라는 지금 간첩 천국이라고 할 만큼 간첩이 자유롭게 활동하고 있는데 그들을 거의 잡지 못한 채 방치하고 있습니다. 지하당은 이미 수십 년 전에 완공되어 매우 큰 규모로 확대되고 있는 것으로 보입니다.

우리의 대 간첩기관은 극히 약체화되어 별다른 활동을 못하고 있습니다. 대공 관계에 특히 무능했던 김영삼 정권과 용공 정권이 10년 넘게 국정을 장악하고 있는 동안 안기부라든가 기무사 경찰·검찰 등 대공 부서가 힘을 못 쓸 만큼 계속 축소 개편되었고 예산도 대폭 축소되었습니다.

이런 상태에서 어떻게 지하당 공작에 대처할 수 있겠습니까? 대통령의 임무 중 무엇보다 가장 크고 막중한 것이 국가 안보입니다. 나라가 건재해야 경제 활동도 제대로 할 수 있고 각종 문화생활도 제대로 할 수 있는 것이지, 나라가 망하면 모든 것이 허사입니다. 용공 정권은 국가 안보보다 다른 생각을 먼저 합니다. 지난날 김대중 정권이나 노무현 정권처럼 말입니다. 지금의 문재인 정권도 같은 길을 가고 있는 것 같아 매우 불안하고 걱정됩니다.

국가 안보를 생각할 때, 대통령이 가장 신경 쓰고 애태워야 할 일은 남북을 대비해 보아 우리의 약한 부분인 군사력 강화, 간첩을 잡아 적의 지하당 제거, 남침 땅굴 무력화, 주사파 용공세력 무력화시키는 일이어야 할 것이며 가장 큰 전쟁 억지력인 주한미군 주둔을 강화하기 위한 한미동맹을 더욱 굳건히 하기 위해 불철주야 애쓰고 실천하는 일이 아니겠습니까. 그래야 국민들이 안심하고 생업에 종사할 수 있을 것입니다.

위에서 지적했듯이 북은, 고(故) 황장엽 선생과 고(故) 신상옥 씨가 말한 것처럼 누구나 알 수 있듯 간첩을 각계각층에 침투시켜 이 나라를 망하게 하려고 갖은 획책을 다하고 있는데 이에 대하여 아무런 조치도 취하지 않으면 이 나라를 어떻게 지킬 수 있겠습니까. 한○○이나 전○○ 출신의 주사파 등이 청와대를 비롯하여 정부 각 기관, 각계각층에서 맹활동을 하고 있는데 그들을 단속하거나 무력화하는 조짐을 전혀 찾아볼 수 없습니다.

『손자병법』에 "적을 알고 나를 알면 백 번 싸워도 위태롭지 않고 이긴다"고 하는데 이것은 만고의 진리입니다. 적은 우리 내부를 속속들이 알고 있을 뿐만 아니라 우리를 계속 약체화하고 있는데 우리는 적을 잘 모르고 있으니 정말 심각한 상황입니다. 호시탐탐 남침 기회만을 노리고 있는 적을 앞에 두고 이런 상태이니 어찌 걱정하지 않을 수 있겠습니까?

한시바삐 대공 기관인 안기부(국정원), 기무사, 검찰기관, 경찰기관을 획기적으로 강화해야 할 것입니다. 국정원법과 기무사법을 개정해 간첩을 비롯한 불순분자들을 제대로 체포해서 지하당 간첩들을 일망타진, 베트콩과 같은 무리를 무력화하고 사회 기풍을 정상화해야 합니다.

검찰기관의 공안 부서를 강화할 뿐만 아니라 경찰기관의 대공 부서를 다시 만들어 다른 예산에 앞서 대공 활동을 충분히 할 만큼의 예산을 지급하도록 해야 합니다. 그리고 이들 각 기관의 사기진작 또한 필요합니다. 이것은 초등학생들도 알 수 있는 너무나 분명한 사리(事理)입니다. 이러한 사리를 무시하고 상기 기관들의 손발을 묶어놓았기 때문에 국민이 흥분할 수밖에 없는 것입니다.

적화통일을 하는 것이 유일한 목적이며 호시탐탐 결정적인 시기만을 노리고 있는 적을 앞에 두고 그러한 상황을 조성했기 때문에 김영삼 정권, 김대중 정권, 노무현 정권을 국민의 한 사람으로서 감히 질타하는 것입니다. 적은 무력통일에 앞서 '낮은 단계 연방제'를 밀고 나가 싸우지 않고 적화통일하는 것을 목표로 하여 갖은 술책을 다하여 넘어오도록 하고 있는데 문재인 정권도 이에 현혹되어 그 술책에 말려들고 있는 것으로 보여 염려하고 있습니다.

한국은 세계 역사에서 보기 드물게 단기간에 자유민주주의와 경제 대국을 이룸

이 나라가 어떤 나라입니까. 6·25동란 때 적의 기습 남침으로 거의 죽을 뻔했다가 이승만 대통령과 박정희 대통령의 탁월한 지도와 구세대인 80대 90대가 목숨 바친 분투와 미국의 구원으로 가까스로 살아 나온 국민이 피땀 흘려 일한 덕분에 오늘날 세계 10위권의 경제력을 갖추었고 자유민주주의 국가가 되어 잘살게 된 나라입니다.

이렇게 빠른 시일 내에 경제 발전을 이루고 민주화를 이룬 나라는 세계 역사에 없다고 합니다. 북의 무엇이 좋다고 친북을 하고 민족반역 행위를 하는지 이해할 수가 없습니다. 필자 또한 북한 동포들을 사랑하며 북한의 산천을 그리워하고 있습니다. 북한 동포들은 같은 동포임에는 틀림없으며 자랑스러운 동포들입니다. 그러나 김일성, 김정일, 김정은과 그 충복들은 같은 동포라고 하기에는 너무나 부끄럽고 혐오스러운 존재들입니다.

30만의 동포들이 강제수용소에서 헐벗고 굶주리며 온갖 학대를 받고 있습니다. 이들은 우리의 불쌍한 동포, 가엾기 짝이 없는 동포들입니다. 사람을 물질로 보는 유물사관과 계급투쟁을 통해서 농민과 노동자 계급 외에는 차별하고 적대시하는 공산주의의 무엇이 좋아서 공산주의가 옳다고 하는지 이해할 수가 없습니다.

이미 공산주의는 검증을 받아 실패한 비인간적이고 불순한 사상임이 판명되었는데 배울 만큼 배운 사람들이 그것을 추종하고 조국에 반역 행위를 하는 것은 참으로 한심한 일입니다. 자유민주주의가 얼마나 좋습니까. 인간적이며 자유로 우며 인권을 존중하여 오순도순 잘살아 보자고 하는 것이 아닙니까. 그렇게 하는 가운데 경제를 발전시켜 복지정책을 통해서 어려운 사람들을 도와 모두 잘사는 나라를 만들 수 있지 않겠습니까.

각급 학교에 침투한 ○○○ 및 용공주의 학생들의 반역행태

지금 청년 학생들이 친북주의자로 한국을 배반하고 있습니다. 온 국민이 힘을 합하여 어떻게 해서든지 전쟁을 막아야 할 텐데, 오히려 전쟁을 일으켜 공산통일하고자 하는 김정은의 무리를 돕고 있습니다. 국민 여러분이 각 가정에서 자녀들에게 옳고 그른 것을 바르게 교육해 주시고 북한의 비참한 현실을 잘 알려주시기 바랍니다.

우리나라가 이렇게 어지럽게 된 원인의 대부분은 북의 지하당 간첩들의 공작으로 저들의 농간에 휩쓸린 것이었다고 생각합니다. 학원가에 수천 명의 간첩 조직이 침투하여 풍성한 공작자금을 이용해서 적극적인 활동을 전개하였기 때문입니다.

정부 각 기관에서 이를 방임하고 적절한 시책을 강구하지 못한 책임이 큽니다. 좀 더 성의를 가지고 저들을 설득하고 보살폈다면 순 종북주의자를 제외한 일반 좌파 학생들은 그 함정에서 빠져나올 수 있었을 것입니다.

그리고 각급 학교에 침투해서 국가 민족에 큰 해악을 끼치고 있는 ○○○는 철저한 용공주의자들입니다. 많은 학생들에게 나쁜 영향을 끼치고 있으며, 그 학생들이 자라 용공주의에 휩쓸릴 수 있는 소지(素地)를 만들어주는 큰 해악을 끼치고 있습니다. 소위 386세대라고 해서 사회적으로, 국가적으로 큰 문젯거리가 되고 있는 부류들도 ○○○의 나쁜 영향을 받은 결과라고 볼 수 있습니다.

그뿐만 아니라 역사 교과서에도 관여해서 왜곡된 역사 교과서를 만들게 하거나 학생들로 하여금 나쁜 역사관, 인생관을 가지게 함으로써 개인적으로도 큰 불행을 겪도록 하고 있습니다. 스승의 길을 망친 망나니들이라고도 말할 수 있습니다.

벌써 수십 년이나 되었는데 그것 하나 바로잡지 못하고 있으니 교육부를 비롯한 각 정부기관 또는 사회단체는 무엇을 하고 있는지 참으로 한심한 일이 아닐 수 없습니다. 도대체 각계각층 각 분야마다 질서가 없고 공의(公義)가 없고, 그야말로 무법천지입니다. 역대 정권은 무엇을 했습니까. 전교조 문제 하나 제대로 해결 못하고 있으니 말입니다.

사회가 질서 있고 법이 제대로 서서 안정될 때에야 적의 남침에 대한 억지력이 생기는데 그렇지 못한다면 항상 불안정한 정세가 될 수밖에 없습니다.

만일 공산통일이 된다면 용공 학생들을 비롯한 수백만 명이 숙청 살해될 것임

또다시 제2의 6·25가 일어나거나 적화통일은 절대로 있어서는 안 됩니다. 어디까지나 자유민주주의에 의한 평화통일이어야 합니다. 만일 공산 통일이 된다면 전란에 의해서도 많은 사람이 살상되겠지만 전란 후 수백만 명의 국민이 숙청·학살될 것입니다.

월남이나 캄보디아에서도 전후 각 인구의 4분의 1이 학살된 것으로 알고 있습니다. 지난날 소련이나 중공에서 정권을 잡은 전후에 각각 5천만 명이 훨씬 넘는 참으로 엄청난 수의 국민들이 숙청되거나 사망한 사실이 역사에 기록되어 있습니다.

얼마나 무서운 일입니까. 공산당은 인간을 하나의 물질로 보기 때문에 파리 목숨처럼 매우 우습게 여깁니다. 천하보다 귀하고 귀한 인간의 생명을 말입니다. 자유민주주의 국가인 우리나라가 주도해서 통일한다면 법에 의해 극소수만 처벌받을 것입니다. 사형에 처하는 사람은 매우 적은 숫자라고 봐도 좋을 것입니다.

친북주의자들은 이러한 사실을 반드시 알아야 합니다. 만일 공산통일이 된다면 지금의 공산주의자나 종북주의자 대부분이 숙청(肅淸)·살해될 것입니다. 자유민주주의 사회에 물들어 있기 때문에 공산주의를 실천하는 데 해악이 된다는 구실입니다. 월남이나 캄보디아 등에서 한 일이나 지난날 소련이나 중공에서 한 일을 보면 알 수 있습니다.

용공주의 함정에 빠져 있는 젊은 동포 여러분! 악독한 자리에서 하루 속히 떠나십시오. 대한민국이 앞으로도 계속 세계 속에서 발전해 나가야 하지 않겠습니까! 자유롭고 인권(人權)을 존중하는 인간다운 사회에서 행복하게 살아야 하지 않겠습니까! 인간의 생명은 천하보다도 더 귀한 것입니다. 인간을 하나의 물질로 보는 유물사관(唯物史觀)이나 인간을 서로 미워하게 만드는 프롤레타리아 독재 등의 악독한 사상에 물들지 말고 우리의 사랑하는 금수강산(錦繡江山), 이 조국이 형통하도록 함께 나아갑시다.

우리의 현재 목표는 이 땅에서 다시는 전쟁이 일어나지 않고 평화를 유지하다가 자유민주주의 국가인 대한민국, 우리의 조국 주도하(主導下)에 평화통일을 이루는 것입니다. 현재의 남과 북을 비교해 보십시오. 어느 곳이 살만한 곳입니까. 탈북해서 남으로 온 북한 동포가 33,000명이 넘었으며 북한을 탈출해서 중국·러시아 등지에서 유리(流離) 방황하는 동포가 30만이 넘는다고 합니다. 탈북한 동포들에게 물어

보십시오. 그러면 답이 나올 것입니다.

국가보안법(國家保安法)은 절대 필요

북이 수십 년 전부터 심혈을 기울여 획책하고 힘쓰고 있는 것이 우리의 국가보안법을 제거하는 일인데, 따라서 요즈음 우리나라 내에 있는 간첩 및 용공분자들이 결사적으로 투쟁하고 있는 것이 '국가보안법 철폐'입니다. 그런데 문재인 대통령이 국가보안법을 없애는 것을 공약으로 삼았으며, 지금도 이 법을 없애는 정책을 적극적으로 추진 중이라고 합니다. 참으로 한심한 일이 아닐 수 없습니다.

만약 이 법이 없어지면 간첩 및 종북주의자들이 마음 놓고 용공 활동을 할 것이며 심지어는 공산당도 구성될 수 있을 것입니다. 광화문 네 거리에서 김정은 만세를 불러도 어찌할 수 없고 북한 깃발을 게양해도 어찌할 수 없습니다. 불순분자들이 공산 활동 하는 것을 막아낼 법이 없어지는 것입니다. 그렇게 되면 반 이상은 공산주의 국가가 된 것이나 마찬가지입니다. 그렇기 때문에 김일성-김정일-김정은이 3대에 걸쳐 국가보안법을 없애고자 전력을 기울여온 것입니다.

필자가 보기에 북한이 가장 힘써온 것은 세 가지인데 첫째가 미군 철수, 둘째가 남침 땅굴을 파는 것, 셋째가 국가보안법 철폐입니다. 그 목적은 오로지 대남 적화통일입니다. 거기에 문재인 대통령이 말려들고 있습니다. 청와대를 한번 보십시오. 참 가관입니다. 적색 분자들로 둘러싸여 있습니다. 그러니 대통령이 그 영향권을 벗어날 수 있겠습니까. 참으로 한심하고 통탄할 일입니다.

'낮은 단계 연방제'는 적화통일을 위한 북의 흉계

거기에 더하여 북이 주장하며 간절히 바라고 적극 추진하는 '낮은 단계 연방제' 실현을 위해 북에 동조하고 있으니, 이것이 말이 됩니까. 김대중·노무현 때에도 '낮은 단계 연방제' 추진을 위해 안달했으나 현명한 국민들이 이를 막아냈습니다. 그런데 상기 용공 대통령들을 뒤이어 안달 내고 있는 대통령이 있으니 어느 나라 대통령인지 알 수가 없습니다.

국민 여러분! 정신 바짝 차리고 이에 대처해야 합니다. 그렇게 하지 못하면 이 나라가 망하거나 공산주의 국가가 될 수 있습니다. 만일 그렇게 된다면, 지금의 대한민국은 북한처럼 형편없고 지옥 같은 나락(奈落)으로 곤두박질치고 적어도 수백만 명의 국민이 학살당할 것입니다.

북한이 어디 사람이 살 수 있는 곳입니까. 거주의 자유, 직업 선택의 자유, 언론의 자유, 종교의 자유, 결사(結社)의 자유 등 일체의 자유가 없고 인권이 완전히 무시되며 언제 살해될지 몰라 전전긍긍하는 곳이 아닙니까.

수십만 명의 동포들을 강제수용소에 집어넣어 갖은 학대와 살해를 일삼고 있지 않습니까. 그것은 사람을 물질로 보며 계급투쟁을 일삼는, 이미 검증받은 악한 공산주의 사회이기 때문입니다. 그런 사회는 절대 실현되어서는 안 됩니다.

용공분자들은 저들이 좋아하는 북으로 가라고 하십시오. 과연 몇 명이나 북으로 갈 것을 희망하겠습니까. 100명이나 나오겠습니까? 아마 10명이나 나올는지요. 혹 간첩들이나 인질(人質)로 있는 가족들 때문에 갈는지 모르겠습니다.

친북세력은 진보가 아닌 반역·퇴보세력

친북세력들은 본인들을 진보세력 또는 진보파라고 합니다. 천만의 말씀입니다. 공산주의요 봉건주의인 북을 지지하는 친북 반역세력을 어떻게 진보라고 할 수 있습니까. 국가에 반역한 '퇴보 꼴통주의'는 진보라고 할 수 없고, '반역꼴통파' 또는 '반역·퇴보세력'이라고 해야 맞습니다. 오히려 일반적으로 호칭하는 보수세력이 애국 진보세력입니다. 인간의 본성에 맞는 애국적인 자유민주주의를 숭상하는 보수세력이야말로 진보세력이라고 호칭하는 것이 옳습니다.

〈북의 남침전략〉

인간을 물질로 보고 계급투쟁을 숭상하는 자들은 시대에 역행(逆行)하며 비인간적인 자들이므로 '진보'가 아닌 '퇴보'가 맞습니다. 김정은과 그 추종 세력은 사회주의적인 경제, 복지정책을 추구하는 세력도 아니므로 그냥 좌파라고도 할 수 없고, '친북 반역적 좌파'라고 호칭함이 타당합니다. 절대로 진보라는 말을 써서는 안 됩니다. 저들이 말하는 보수야말로 '진보적 우파세력(進步的 右派勢力)'이라고 호칭함이 허락될 것입니다.

진보라는 호칭은 앞서가며 나아짐을 뜻하는 말이며, 결코 반역적이며 친북적인 집단에 속한 자에게는 어울리지 않기 때문입니다. 백 보를 양보해서 양○○ 교수가 말했듯 일반적으로 친북세력을 좌파, 보수는 우파라고 할 수도 있겠습니다. 국민 여러분이 판단하시기 바랍니다.

다음에 적는 내용은 〈탈북한 북한 통일전선부 요원의 충격적 폭로 내용〉이며 2005년 1월 호 〈월간조선〉에 게재된 기사 내용입니다. 대단한 내용이니 잘 보시기 바랍니다.

〈탈북한 통일전선부 요원의 충격적 폭로 내용〉

나는 북한노동당의 적화통일정책을 제1선에서 실행해 오던 통일전선부의 한 일원으로서 최근 김용순 계열 숙청과 관련하여 여러 요원들과 함께 탈북한 뒤, 지금 제3국에 머물면서 이 글을 쓴다.

김정일은 남한을 북의 하나의 도인 '대한민국도(道)'라고 놀리다

김정일은 지금 자기의 의지대로 좌경화돼 가고 있는 한국 현실을 굽어보며 미소를 짓고 있으며, 그 통쾌함을 혼자만 즐길 수 없어 얼마 전 측근들과의 파티에서 불쑥 이렇게 물었다. "우리나라에 도(道)가 몇 개 있지?" 아홉 개라는 누군가의 대답에 김정일은 웃으며 소리쳤다. "왜 아홉 개만이야. 하나 더 있잖아, 대한민국도(道)!" 순간 좌중에 박수가 터졌는데, 그들 중 누구보다 소리 크게 박수를 친 사람은 통전부 제1부부장 임동욱이었다.

북한의 적화통일 노선이 얼마나 집요한가 하는 것은 현재 노동당 안에 대남공작부서만 해도 4개(작전부, 대외연락부, 35호실, 통전부), 그것도 모자라 인민군 무력부 안에 정찰국이라는 것을 또 가지고 있는 것만 봐도 잘 알 수 있다. 그들의 인원을 다 합치면 무려 3만여 명에 달한다.

○○○은 김정일 수령님의 전사(戰士)이다

통전부의 수완은 참으로 완벽하다. 그들이 공작 차원에서 '수령님의 전사'로 체계적으로 길러낸 ○○○이 대한민국 ○○○이 되고, 통전부가 마음만 먹는다면 정치인으로서의 목숨이 당장에 끝장날 386이 '적색 무리당'이라고나 말해야 할 ○○당에 대거 포진하여 공공연한 친북 및 좌경정책으로 자유민주주의 체제를 흔드는 오늘의 한국 현실은 모략가 김정일을 부장으로 하는 통전부 주도의 성공작이라고 할 수 있다.

무게 있는 말들이 통전부 간부들 입에서 흘러나왔다. "우리 수령님은 확실히 천리혜안의 예지를 가지고 계시는 분이다. ○○○이 대한민국 ○○○이 될 줄 어떻게 미리 아셨을까?" 정상회담 후 몇 개월 지나서부터는 김용순, 임동욱, 안경호 같은 거물급들이 노골적으로 ○○○을 '수령님의 전사'라고 불렀다. 이미 그가 한국의 민주투사로 인정받던 1970년대에 통전부의 문건에 올라 있었다.

북한이 인물 흡수의 필요성을 절박하게 느끼게 된 계기는 1960년 4·19혁명이었다. 김일성은 그때 통일의 호기를 놓쳤다고 두고두고 후회하면서 4·19혁명이 붉은 혁명으로 승화되지 못한 요인은 그것을 주도할 만한 적색 인물과 그 중심의 지하당이 없었기 때문이니 하루빨리 한국 내에 혁명 정당을 구축할 것에 대한 과업을 주었다. 북한은 급기야 '통일혁명당'을 결성하고 마치 그것이 한국 내에 실존하는 지하당인 것처럼 보이기 위해 미국·일본·유럽·동남아까지 그 지부를 설치하고 요란하게 선전했다. 밖에서부터 만들어진 이 유령조직을 안으로 확대하기 위하여 'OO당'의 이름으로 출간된 각종 격문들과 인쇄물들을 한국에 살포하거나 침투시키는 것은 물론, 인물포섭과 지하당 결성에 총력을 다했다.

북의 통전부는 남한에 지하당 구축과 용공 단체 확산의 공을 세움

대남공작의 제1과제를 반정부 의식이 강한 인물 흡수와 지하당 구축, 좌파단체 확산으로 정한 통전부는 1970년대에는 민주투사로 자처하는 대표적인 인물들에게 김일성의 친서와 공작비도 보낼 만큼 혁혁한 성과를 거둘 수 있었다. 지금도 통전부 기밀실에는 박정희의 유신독재 반대를 부르짖으며 OOO이 일본에서 맹활약하던 당시 그 흡수 공작에 적지 않게 공헌한 조총련 산하 비밀요원들에 대한 활동 내용이 낱낱이 기록되어 있다. 박정희가 암살된 후 OOO이 정권을 장악할 수 있는 정국조종 전술안도 보관되어 있다. 1974년 8월 15일 육영수 여사 암살사건은 바로 이 전술의 첫 단계에 해당하는 작전이었다.

　남북 정상회담 준비 역을 맡았던 송호경에게 김정일은 "〇〇〇이는 돈을 달라면 돈을 주게 돼 있고, 쌀을 달라면 쌀을 주게 돼 있는 사람이니 대화 상대라 생각지 말고 무조건 10억 달러를 내리 먹여!" 하고 지시했다. 이렇게 이용 가치 있는 인물들을 하나둘 점거하고 1970년대 민주화의 바람을 타고 일어서는 운동권에도 '〇〇당' 지하가 심어지자 여기에 힘입어 김일성은 '고려민주련방공화국 통일방안'을 주동적으로 제기하고 박정희 정부를 압박할 수 있었다.

통전부는 통전부, 〇〇〇 정부, 친북 좌파세력을 '3위 1체 전략'이라고 호칭함

　〇〇〇의 대선 당선이 확실해지자 김정일은 자기의 경사를 자축하듯 파티를 열었다. 여기서 그는 통전부 사업을 좀 더 진공적으로 펼칠 것을 역설하며, 안기부 해체 문제부터 결속지으라고 큰소리쳤다. 〇〇〇이 연설을 준비하던 그 시간에 통전부는 이미 김정일의 지시대로 안기부 해체에 대한 구체적인 안을 작성한 상태였으며, 그로부터 1년도 채 안 된 1999년 2월경에는 안기부가 정말로 대북 기능이 약화된 국정원으로 개조됐다.

그때부터 통전부 주요 간부들 입에서는 '3위 1체 전략'이라는 용어가 자주 사용되었다. 3위 1체란 통전부, ○○○ 정부 그리고 한국 내 친북 및 좌파세력의 일심체였다.

통전부 최고 성공작은 386주사파

다 기울어져 가던 운명 직전의 김정일을 ○○정책으로 구원해 준 ○○○, 남북 정상회담 성사 명분으로 5억 달러의 불법 자금까지 갖다 바친 ○○○, 북한 통전부가 제시한 3위 1체 전략 그리고 그에 발을 맞춘 ○○○, 이런 사람이 대통령인 대한민국을 김정일이 왜 대한민국도(道)라고 경시(輕視)하지 않겠는가. 오늘날에는 386이 ○○○도 감히 더 이상 넘어설 수 없었던 체제의 한계선까지 개혁하겠다고 팔 걷고 나섰다. 아직도 전향하지 않은 그들의 낯익은 모습을 TV 화면으로 볼 때마다 남북 간의 체제 경쟁은 결코 끝난 것이 아님을 실감할 수 있다. 한국은 지금 국가 안보를 책임져야 할 국정원까지 대북기능을 약화시키고 있지만, 북한 통전부에는 대남 분야에서 수십 년 동안 잔뼈가 굵은 수천 명의 요원들이 오늘도 이 작업에서 나름대로 성과를 올리고 있다.

그들의 최고 성공작은 바로 386이다. 이날을 보자고 통전부가 수십 년 동안 한국 사회를 재단하며 그에 알맞은 자기 조직을 부단히 확장해 왔고, 마침내는 그 효력을 보는 것이다.

주사파공작(主思派工作) 공로자 비밀 표창

박정희의 유신독재 정권 시기 한국 내 민주세력에 대한 통전부의 대남공작 주제 침투는 반독재, 자주화, 연방제 통일 방안이었다. 4·19혁명에 자극받은 북한은 민주주의 혁명을 반체제 폭력혁명으로 유도하지 못한 것은 광범한 군중 속에 뿌리박을 수 있는 혁명 정당과 함께 북한 주도의 지도이념이 없었기 때문이라고 보았다.

그래서 고안해 낸 것이 한국 내에 하루빨리 '주사파'를 결성하는 것이었다. 그래야만 김일성의 연방제를 지지할 수 있으며 미군을 몰아내고 체제전복도 가능할 수 있었던 것이다. 그 대상을 진취성이 강하고 지성 욕구로 몸이 달아 있는 대학생들로 지목했다.

그 실현을 위해 통전부는 조총련(朝總聯)을 앞세워 일본에 나와 있는 유학생 사냥에 나섰다. 납치·회유·기만·협박의 방법으로 적색화한 그들의 임무는 한국 내에 주체사상을 전파시키고 동지를 획득하는 것이었다.

지금도 조국평화통일 서기국과 한국민족민주전선 중앙위

원회 참사실에는 그 공작성과로 영웅 칭호, 국가훈장 1급을 수여받은 사람들이 활동 중에 있다. 북한 공작금을 뿌려 가며 대학가에 침투하여 주사파를 결성한 초기 창시자들에 대한 조국통일상 내신문건에 김정일은 1996년 2월 15일 비준했으며, 그 수훈식을 다음 날 2월 16일 통전부 본부 회의실에서 몇몇 주요 간부들 참석하에 익명 발표식으로 진행했다. 주사파의 활동에 통전부가 얼마나 의의를 부여했는지는 그들의 조직 확산을 지원하기 위해 대학생들에 대한 의식화·세뇌교육 목적으로 김정일이 '101연락소'라는 것을 만들도록 지시한 데서도 잘 알 수 있다.

평양시 중구역 연화 1동 평양의학대학 앞에 건물을 두고 200여 명의 필진들로 구성된 이 연락소의 사명은 한국 작가 명의로 반독재·반미·김일성의 고려연방제식 통일을 주제로 한 소설·시를 창작하여 한국에 침투 및 보급시키는 것이다. 책의 내용으로 보나, 책 제작으로 보나 어느 면에서도 북한산이라고 의심이 안 되게 철저히 위장 창작된 시집과 소설책들은 젊은 대학생들로 하여금 자기들의 반정부 행위와 주체사상 신봉(信奉)이 더는 비합법적인 운동이 아니라는 착각에 빠지게 했다.

평범한 대학생에서 민주투사로 성장한 책 속의 주인공을 닮고 싶다며 북한으로 밀입북해 노동당에 가입한 386 출신 한○○은 이렇게 설명했다. "386들은 아직도 그때의 대표적인 작품들인 『반항』, 『돌아보는 얼굴』, 『열흘 낮 열흘 밤』, 『통일은 언제 됩니까?』 등을 자자구구 외우고 있을 것이다." 통전부는 이렇게 소설과 시까지 대남 심리전용으로 만들어 대학생들을 사상 무장시키는 데 이용했으며, 주사파는 반정부 전선을 노동자와 농민 속으로 확대하기 위해 대학생들을 노동현장으로 파견하기도 했다.

비밀 방북해 노동당 가입하고 '혈서서약'

통전부는 한국 내에 '반미결사대', '자주군인회', '통일결사대', '민족해방애국전선', '민주운동연합' 같은 비밀조직들을 구축하고 대남공작의 통일전선을 형성했다. 통일전선의 목표는 야당을 지지하여 ○○○이 집권하면 국가보안법 철폐, 안기부 해체, 미군 철수 등 북한의 적화통일에 장애가 될 수 있는 제도적 장애를 우선 제거하고 정치적 혼란, 친북 여론 확산으로 합법·비합법 시민운동단체들을 규합하여 연공(聯共) 정부의 기반을 확보한 다음 분열 50돌이 되는 1995년을 한반도의 공산화 통일 50돌로 만든다는 것이었다.

김정일은 한국 내 지하당 구성원들에게 투쟁 의욕과 통일 의욕을 자극시키기 위해 "누구는 서울시위원장, 누구는 충청도 위원장" 하는 식으로 직위 분담을 하게 하고, 김일성에게 자기의 대남공작 지도 성과를 과시할 목적으로 그들이 노동당 입당 청원서, 충성의 맹세문, 칭송 글, 서약서 등을 작성하여 북한으로 들여보내도록 지시했다.

통전부는 지하조직만이 아닌 합법적인 운동단체들도 친북, 좌경화하기 위하여 주사파가 'ㅇㅇㅇ'을 장악할 수 있도록 많은 공작금과 인적 지원을 아끼지 않았는데, 그들을 정신적으로 지원한 것은 북한이 이전에 흡수했던 ㅇㅇㅇ과 같은 '민주투사'들이었다. ㅇㅇㅇ의 지도적 위치를 차지한 '주사파'는 해외에 유학생 지부를 만들어놓고 체계적으로 통전부의 지령과 공작금을 받았고, 비밀리에 북한을 방문하여 노동당에 가입하면서 김정일에게 충성의 선서까지 다졌다. 그렇게 평양까지 찾아와서 번호를 받은 붉은 당증과 혈서 서약서는 모두 15개였다.

'반미애국청년회', '이북 바로 알기 운동회', '자주애국청년단체', '하나회', '백두–한라조직', '금강산 사랑 모임' 등의 조직 명의로 된 통전부의 손길이 서울의 골목골목과 인터넷에서 지금도 끊어지지 않고 있음을 한국 국민들은 부디 잊지 말기 바란다.

이렇듯 통전부는 자유민주주의를 갈망하는 한국 국민들의 순수한 열정으로부터 시작된 민주화 운동에 적극 가담하여 내부에 이념적 '씨'를 박고 개별적 인물 혹은 단체를 체계적으로 키워 적화통일로 유도하기 위한 환경 마련에 시간과 지

〈북의 남침전략〉

혜를 아끼지 않았다.

386의 민주화 운동 역사는
통전부의 대남공작 역사이다

그 열매라고도 할 수 있는 386이 민주화 운동 경력을 자랑하며 국가보안법 철폐를 누구보다 앞장서 주장하는 것은 그들 자신이 현재 누구보다도 국가보안법의 대상이기 때문인지도 모른다. 그리고 현재가 무서워 과거청산을 부르짖고 친북 행적을 은폐하려 친일 행적을 따지는지도 모른다.

한국 사회가 민주화되면 될수록 그것은 적대 집단인 북한의 시각에서 볼 때 일종의 와해이자 기회였다. 그래서 한국의 민주화 운동의 역사는 통전부 대남공작의 역사라고도 말할 수 있으며, 따라서 통전부를 고발한다면 종국엔 386 때문에 한국의 민주화 운동도 고발당하는 것이다. 북한이 적화통일 정책을 백지화하지 않는 한 한국이 국가보안법 철폐나 주적개념을 포기한다고 해서 절대로 세계 선진국 수준의 민주주의 국가가 될 수 없다. 그런 날을 앞당기기 위해서 우선 민주주의의 첫째 과녁을 북한 독재정권 붕괴로 조준해야 한다.

'조평통'에는 한국 전문가 700명이며 '우리 민족끼리' 전략 실현 노력

평양시 중구역 오탄동에 '조평통'과 지붕을 같이 한 '한국민주전선중앙위원회'에 1960년대 초부터 한국 내에 지하조직들을 구축, 남남갈등을 유발시키고 조정하여 온 모략의 능수 100여 명이 집결해 있다. 평양시 중구역 연화동에 기지를 둔 '남조선문제연구소'는 1950년대부터 오늘까지 150여 명의 학자들이 한국의 정치·경제·군사·문화·개별 인물들에 대해서까지 자료화하고 학술 차원에서 논문들을 작성하여 통전부의 대남 정책을 이론적으로 돕고 있다.

이렇게 적화통일 의도의 모략기지를 튼튼히 꾸리고, 북한 통일정책을 대변한다는 합법적인 의미에서 통일외교의 명분으로 한국 내 개별인물 혹은 단체들에 접근하여 대남공작을 활발히 벌이는 '조평통'에는 현재 700여 명의 한국 전문가들이 근무하고 있다.

○○○ 정권 이후부터는 소극적인 틀에서 해방되어 반미, 친북, 친 김정일을 노골화하고 지금은 그 전략을 '우리 민족끼리'로 실현하려고 하고 있다.

386은 통전부의 정규군

　대적 관념 교양으로 주민들을 더더욱 사상 무장시키고, 선군(先軍) 제일주의로 전쟁 준비에 박차를 가하는 북조선의 실상을 가리고 미소 전략으로 한국에 다가서는 김정일은 '우리 민족끼리' 이면에서 최근 대남공작과 관련하여 다음과 같은 비밀 지령을 주었다.

　"지금 남조선 정세는 우리에게 매우 유리하게 조성되어 가고 있다. 이것을 안정적으로 지속 발전시키자면 노출 위험성이 큰 직접 침투를 줄이고 눈에 안 보이는 침투, 즉 통전부가 그동안 관리해 오던 대상들을 현지에서 첩자로 흡수하여 적극 활용하는 방법으로 대남공작을 가속화해야 한다.
　그에 못지않게 중요한 것은 시민단체 포섭이다. 그들을 이용하여 남조선 내 국민정서를 더욱 친북화시킴으로써 우리의 전략이 쉽게 먹혀 들어갈 수 있는 틈을 많이 마련해야 한다. 공작자금은 근심하지 말라."

　한국은 지금 더더욱 각성해야 할 때이다. 그리고 더더욱 북한을 경계해야 할 때이다. 여당만이 아닌 한국 내 각 시민운동단체 속에도 대거 포진된 386 무리가 차라리 철없는 이념 공상가들, 극단적인 친북 분자들 정도면 다행이지만 이들이 벌써 김정일의 지령대로 통전부의 정규군이 되었다면 대한민국의 정체성을 누가 믿고 외국기업이 투자하겠다고 하겠는가.

통전부는 자금문제도 훌륭하게 해결하고 있다. 한국에서 보내주는 모든 인도주의 물자들은 그대로 통전부 소유로 접수된다. 얼마 전에도 한국에서 보내준 비료 일부가 국경 연선(沿線) 중국 농촌 지역들에 은밀히 수출되었고, 옷·식료품 심지어 한국 가수가 보내준 생리대까지 외화상점에 내다 팔아 공작자금으로 확보하고 있다.

통전부는 그렇게 마련된 붉은 자금으로 한국 내 각 친북 단체들의 집권층 장악을 위한 공작에 쏟아붓고 있다. 특히 통전부는 반체제혁명에서 기본 동력 역할을 할 중산층 이하의 광범한 근로 대중 지반을 가지고 있는 'ㅇㅇㅇㅇ', 초·중·고·대학생들에게 친북 세뇌 교육을 시킬 수 있는 영향력을 가진 'ㅇㅇㅇ'를 장악하기 위해 필사적으로 발악하고 있다. 그 결과 몇몇 인물들은 이미 북한을 극비에 방문했고 중국에 비밀 아지트도 두고 있다. 이 범위를 확대하기 위해 '조평통'은 종교 세력이 강한 한국 내 실정을 감안하여 통전부 교류과 소속으로 1990년대 초부터 불교ㅇㅇㅇ, 기독ㅇㅇㅇ, ㅇㅇㅇ중앙위원회, ㅇㅇㅇ위원회를 설립하고 평양시 몇 곳에 절·성당·교회를 만들어놓았다.

〈북의 남침전략〉

통전부 내 한국 전문가 2,550명

　만능 기관인 통전부에는 이처럼 한국 각 분야를 연구하고 대응할 수 있는 북한 최고의 실력자들이 2,550명이나 된다. 그들의 전문성에 의거하여 경제·군사·문화, 그 어느 것 할 것 없이 남북관계 문제는 100% 통전부가 자기의 대남 전략 큰 그림 안에서 각본을 쓰고 연출한다. 그것도 모르고 경제장관급 회담이라면 경제적인 의미로, 군사장관급 회담이라면 군사적인 의미로 천진하게 믿는 한국 정치인들이나 국민들은 불쌍할 만큼 순진하다.
　2004년 10월에는 김정일이 직접 그 첫 시제품을 검토하는 등 지금 통전부는 새로운 대남공작 차원의 인터넷 방송국 창설 준비를 서두르고 있다. 이 내막도 모르고 한국 정부는 26연락소 '구국의 소리 방송' 중단에 대해 2004년 6월 14일 북한 측의 요구대로 DMZ 대북방송을 철거하는 또 한 번의 밑지는 장사를 했다.
　김정일이 더 요구할 게 없을 정도로 ○○당은 통전부보다 더 일을 잘하고 있다. ○○당이 이런 행태를 보이는 이유는 간단하다. 김정일에게 아첨하는 것이 정권 연장에 유리하기 때문이다. 김정일 정권 연장이 곧 386 정권 연장이고, 김정일 정권 붕괴가 곧 386 정권 붕괴로 이어지게끔 우리 한반도의 운명은 흘러가고 있다.

대한민국의 젊은 대학생들에게 말하고 싶다. 50만 명의 탈북자들, 정치범 수용소에 갇힌 28만 명의 생명들, 굶어 죽은 300만 명의 백성들, 이것은 우연한 수가 아니다. 이 수를 감히 지울 수 있는 정의란 있을 수 없다. 김정일 정권을 북한이라는 한민족 개념으로 생각한다면 그것은 반(反)민족, 반(反)통일이다.

군사독재정권 타도에 대학생들이 앞장섰던 것처럼 오늘은 그대들이 민주주의의 역사를 새롭게 써야 할 때이다. 과거는 삶의 자유를 얻기 위해 극우 군사독재정권을 타도하던 양적 민주화 시대였다면, 이제는 삶의 자유를 지키기 위해 마지막 극좌 친북 정권을 타도해야 할 질적 민주화 시대이다. 대한민국이여, 이제는 정말 대한민국다워야 하지 않겠는가.

대한민국은 어찌할꼬

이상과 같이 망명한 북한 통일전선부 요원의 폭로 내용은 매우 충격적이었습니다. 이 어마어마한 고백은 사실 그대로와 같을 것이라 생각합니다. 그야말로 '대한민국은 어찌할꼬'입니다. 지난날의 위정자들은 삭발하고 그동안의 잘못을 뉘우쳐야만 합니다. 그리고 그 잘못을 보상해야만 합니다. 대통령은 대통령대로, 장관은 장관대로, 국회의원은 국회의원으로서 회개해야 할 것입니다. 그리고 일대 결심을 해야 합니다. "한국을 다시 일으키자"고 말입니다.

1948년 8월 15일은 대한민국 건국기념일

우리나라는 1948년 5월 10일, UN의 승인과 감시하에 총선거를 실시한 후 1948년 8월 15일, 정식으로 대한민국을 건국하였습니다. 이것은 온 국민과 온 세상이 다 아는 사실입니다.

그런데 ○○○ 정부가 생긴 후 난데없이 1919년 대한민국 임시정부 수립을 대한민국 건국 시기로 보겠다는 견해를 표명했습니다. 이것이 무슨 말입니까? 어떻게 임시정부 수립이 건국일 수 있습니까. 일제 식민 시기에 영토도 없고 국민도 없는데 어떻게 국가가 형성될 수 있습니까. 이번에도 국민을 우롱하고 있는데, 참으로 무지한 견해입니다. 일고(一考)의 가치도 없습니다.

아마도 북을 의식한 처사인 듯한데, 북은 소련이 억설로 세운 그야말로 괴뢰 정권으로 공산분자들의 말로는 그것을 외세의 힘 없이 자주적으로 세웠다고 합니다. 참으로 소가 웃을 일입니다. 건국의 정당성이 북에 있다고 보는 사람들이 현 정부 내에 얼마나 많이 있습니까. 그런 논리라면 북의 체제에 남이 흡수되는 방향으로 통일되어야 한다는 것인데, 참으로 위험천만한 반역의 논리입니다.

지금까지 전체주의적이며 공산주의적인 행태가 몇 번이나 있어 의심을 해왔었는데 이번에는 국가의 생일까지 해괴한 이론에 맞추어 국민을 우롱하는군요.

오호라! 통탄할 일이로다!

여순(麗順)반란사건, 제주4·3○○까지, 국가를 가해자로 왜곡

1948년 대한민국 건국 직후, 여수·순천 지역 주둔 14연대가 국가의 명령에 불복해 반란을 일으킨 사건이 있었는데 이것을 뒤집어 반란을 일으킨 14연대를 진압한 대한민국 정부와 군을 가해자로 만들어 현대사(現代史)를 왜곡하고 있습니다. 이른바 여순반란사건인데 국내의 좌익세력이 중심이 되어 무장반란을 일으킨 일입니다. 그럼에도 불구하고 반란을 진압한 국군이 잘못한 것이니 이 사건은 항쟁으로 표기해야 하며, 진상규명 및 희생자 명예 회복에 관한 특별법을 만들겠다고 합니다.

국가를 가해자로 한 여순반란사건, 명예 회복 및 보상을 위한 법 제정 추진

여순반란사건은 1948년 10월 19일에서 27일에 걸쳐 일어난 사건으로 당시 제주도에서 일어난 4·3○○사건을 진압하기 위해 제주도로 가라는 명령을 거부하고 홍순석, 김지희 등 14연대 소속 남로당 극좌세력들의 주도로 발생한 반란입니다. 여수를 시작으로 순천, 벌교, 고흥, 구례, 남원, 광양, 보성, 곡성 등 전남 일대와 전북 일부 지역을 점령해 가며 최소 5,530명에서 최대 1만 명의 피해자가 발생한 것으로 보이며, 이것은 군에 스며든 좌익과 공산당원들이 일으킨 사실상의 내전이라고 할 수 있습니다.

여순반란사건 후 대대적인 숙군이 이루어졌으며, 만약 당시 숙군을 하지 않았다면 6·25 이후 남한은 적화될 가능성이 높아졌을 것이라는 의견이 전문가들 사이의 정설입니다. 하지만 현재, 진압된 좌익과 공산당원을 국가권력에 희생된 자들로 묘사하며 이들의 명예 회복과 유가족 보상을 위한 법적 근거 마련과 여수·순천 특별법 재정이 요구되고 있습니다.

좌익단체와 정당이 결합한 이른바 범국민연대는 제주 4·3○○을 진압하라는 명령은 부당한 명령이었기에 위반했던 것이고, 여수 주둔 14연대가 거부하고 봉기한 것은 부당한 정치권력에 의한 반항이었기에 반란이 아닌 항쟁의 성격을 띤다고 주장하고 있습니다. 이러한 주장에는 호남을 정치 기반으로 하고 있는 민주○○○ 일부 의원이 동조하고 있으며 이○○ 의원은 지난 9월 21일 여수·순천 반란을 항쟁으로 표현해야 한다며 진상규명 및 희생자 명예 회복에 관한 특별법안을 대표 발의했습니다.

작년 4월에는 같은 당의 정○○ 의원도 대표 발의한 바 있고, 정 의원이 대표 발의한 특별법안은 국회 국방위에서 심사 보류 상태입니다.

전남도 의회는 지난 9월 18일, 본 회의에서 여수·순천사건 특별위원회를 14연대가 장악했던 지역의 도의원 10명으로 구성하였고 지방자치단체 또한 역사 각색 작업에 나섰습니다. 지난달 1일, 여수·순천·광양시 행정협의회는 공동협력사업안건으로 여수·순천사건 특별법 제정을 정부와 국회에 건의했습니다.

그 후 국방장관은 지난 6일, 여수·순천반란에 대한 진상규명에 적극적으로 협조하겠다는 입장을 표명한 바 있습니다.

최근 들어 세상이 뒤집힌 적이 한두 번이 아니지만 지금의 대한민국은 국가에 대한 명백한 무장반란행위까지도 정당화하는 비정상적인 나라를 향해 달려가고 있습니다.

〈북의 남침전략〉

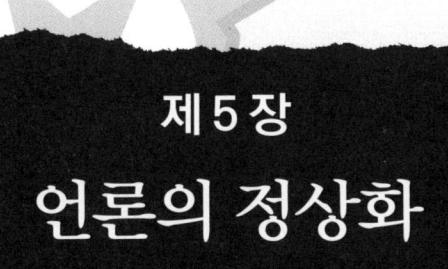

제 5 장
언론의 정상화

현재의 한국 언론은 비정상

우리나라의 언론은 지금 본궤도에서 이탈한 비정상이며, 용공세력의 영향 아래 있는 것으로 보입니다. 언론 매체의 사명은 진실에 근거한 공정한 보도를 함에 있으며, 그리하여 사회의 여론을 올바른 방향으로 이끌어갈 책무가 있습니다. 더구나 우리나라와 같이 남북이 첨예(尖銳)하게 대립하고 북의 세력이 무력으로, 또는 다른 수단과 방법으로 남측을 해치고자 할 경우에는 더욱 공정한 보도가 필요합니다. 특히 애국적 입장을 잘 고려할 필요가 있습니다.

북의 대남모략 및 선전기구는 어마어마한 세력

상기 내용에서 살펴보았듯이 북은 온 힘을 다해 수단과 방법을 가리지 않고 음해와 모략 선전을 일삼고 있습니다.

700여 명의 한국 전문가들이 있는 '조평통'을 비롯해서 2,250명의 북한 최고의 한국 전문가들이 있는 통전부, 그 외 각종 대남선전 및 모략 기구 요원 1,000여 명을 합하여 4,000명이 넘는 인원이 대남선전과 모략을 위하여 전력을 다하고 있는 형편입니다. 그뿐입니까, 이 땅에 있는 용공분자들 적어도 5만여 명이 북과 합세해서 갖은 방법을 다해 모략 선전 활동을 하고 있는 것이 오늘날의 실정입니다.

현재 매스컴은 북의 지하당 간첩과 주사파 등 용공세력에 알게 모르게 장악되어 이용당하고 있습니다. 매스컴은 다른 분야보다도 자존심과 독립심이 더욱 강하므로 언론은 제4의 정부 또는 무관의 제왕이라고까지 불린다고 알고 있습니다.

그런데 오늘날의 한국 언론은 도대체 어떻게 된 것입니까. 사회의 목탁 역할을 해야 하며, 국가 사회의 여론을 진실하고 공정한 방향으로 이끌어가야 할 막중한 책임과 역할을 해야 할 언론이 이상한 세력에 휩쓸려 질질 끌려다니는 것을 볼 때 참으로 한심하고 안타까운 마음을 금할 수 없습니다.

터무니없는 반미 선전에 동조

몇 가지 예를 들어 고찰해 봅시다. 우리나라 안보에 가장 큰 전쟁 억지력이 되고 있는 미군에 대하여 왜 반미적 선전에 동조하거나 이에 가세하는 것입니까. 북의 김정은 무리가 가장 역점을 두고 추진하고 있는 것이 미군 철수인데, 이에 동조하거나 이용당한다면 이것은 곧 우리나라 안보에 큰 악영향을 끼치는 일이 됩니다.

만일 미군이 철수하면 북한은 당장 그다음 날이라도 서슴지 않고 남침할 것입니다. 잘 아시다시피 북은 김일성-김정일–김정은 3대에 걸쳐 한결같이 미군 철수를 주장해 왔으며, 갖은 모략과 선전을 다해 왔습니다. 그만큼 미군의 존재가 대남 적화통일에 큰 걸림돌이 되기 때문이지 않겠습니까.

의정부의 효순·미선 사건을 비롯하여 광우병 난동사건, 노근리 사건, 기타 수많은 반미 사건 등이 터졌을 때 제대로 대처하지 못하고 북의 선전 그대로를 따랐고 합세한 일들은 냉철히 반성해야 할 것입니다.

언론도 한국의 언론인지라, 만일 대남 적화통일이 된다면 언론은 지금의 북한에서처럼 전혀 자유가 없어질 뿐만 아니라 존재도 사라지며 자유 체제에 물들었다는 명분하에 숙청 순위 1위가 되어 학살되거나 강제수용소행이 될 것입니다. 이러한 일은 지난날 월남 패망 시 또는 캄보디아에서 실제로 있었던 일입니다. 공산당들은 언론을 용서하지 않습니다.

진실에 의거하여 공정하게 보도하는 것이 우리나라 언론이 마땅히 해야 할 사명입니다. 그러한 실천이 나라를 구하며 북의 남침을 억지할 수 있는 억지력이 될 것입니다. 우리나라 언론은 마땅히 그렇게 해야 합니다. 북한이나 이 나라 내부의 용공세력의 흉계에 말려들지 말고 국가 안보에 기여해야 합니다.

또 하나의 사례는 민간탐사자들이 북한의 남침 땅굴에 대하여 수십 년 전부터 알리고 협조를 요청하였음에도 일체 무관심했고 협조하지 않았다는 것입니다. 무능하며 북의 간첩

〈북의 남침전략〉

들에게 농락당한 국방 당국이 이를 방치 또는 방해함으로 말미암아 오늘날 남침 땅굴은 이 나라 안보의 치명적 맹점이 되고 말았습니다.

언론에서 본래의 사명에 충실했다면 오늘날과 같은 위험천만한 사태에는 이르지 않았을 것입니다. 월남 패망의 큰 원인 중 하나가 땅굴(구찌 땅굴)에 전혀 대비하지 못한 데 있었음을 알고 있었을 텐데도 소홀했습니다. 땅굴에 관한 정보를 듣거나 알았다면 그 진실을 국민에게 보도하며 그 위험을 예방하기 위해 전력을 다했어야 합니다.

가능성을 인정하고 끝까지 진실을 규명하여 국민에게 경보를 발하고 또 발해야 했습니다. 민간탐사자들을 만나 자세한 사실을 알아보고, 적극적으로 협력할 뿐만 아니라 국방 당국의 무능함과 무책임함을 규탄하고 공격했어야 정상적인 언론이라고 할 수 있습니다.

주사파들의 행태에 동조

그리고 주사파들의 종북적인 행태에 대하여, 위험천만한 그들의 행태에 대하여 자세한 진실을 파악하여 국민에게 널리 알렸어야 합니다. 그들의 종북적이며 반국가적인 사실들을 알리고 또 알려서 암적인 존재가 더 자라기 전에 그 싹을 자르게끔 했어야 언론으로서의 사명을 제대로 수행했다고 말할 수 있을 것입니다.

하지만 도리어 그 용공분자들의 궤변에 넘어가거나 저들의 꼬임에 속았다면 진정한 언론이라고 말할 수 없습니다. 우리나라에서 언론의 사명은 참으로 크고 무서운 것입니다. 나라의 운명을 좌우할 만한 힘을 가지고 있습니다. 무관의 제왕이라고 할 만합니다. 북의 갖은 모략 선전과 이 땅 적성세력의 책략을 막아 국가 안보에 기여해야 하기 때문입니다.

국가보안법 반대에 동조

국가보안법 문제만 해도 그렇습니다. 김일성-김정일-김정은은 3대에 걸쳐 국가보안법을 없애고자 갖은 책략을 다해 왔습니다. 이 법의 존재만으로도 대남적화 공작을 하는 데 있어 큰 걸림돌이 되기 때문에 없애고자 했던 것입니다. 국가보안법은 정상적인 일반 국민이 일상생활을 하는 데 아무런 지장이 없음에도 불구하고 용공분자들은 이 법을 한사코 없애지 못해 안달을 하고 있습니다.

가뜩이나 간첩 및 적성세력이 왕성한 공작 활동을 하고 있는데 이 법마저 없어진다면 우리나라는 완전한 간첩 천국이 될 것입니다. 우리나라 언론은 다른 나라 언론과 달리 국가 안보라는 견지에 서서 사건을 보고 다루어 나갈 필요가 있습니다. 어디까지나 진실에 입각하되 용공세력의 모략 선전에 말려들지 않도록 해야 합니다.

더욱 어려운 점은 국가 원수인 문재인 대통령마저 국가보안법을 없애고자 한다는 것입니다. 대통령에 출마했을 때 국가보안법을 없애는 것을 공약했습니다.

어찌 되었건 언론의 사명은 진실과 진리를 따지는 것입니다. 다른 나라와 같이 평화롭고 아무런 문제가 없는 경우라면 국가보안법이 필요하지 않을 것입니다. 그러나 우리나라처럼 호시탐탐 남침을 노리고 있는 적성세력을 앞에 두고서는 도저히 이 법을 배제할 수 없습니다. 언론은 예리한 관찰력과 올바른 판단력을 가지고 외세의 영향 없이 옳다고 생각하는 바를 소신껏 주장해야 한다고 생각합니다. 그것이 언론 본연의 자세이며 또한 국가 사회에 공헌할 수 있는 길이라고 믿습니다.

주한미군 철수에 동조

앞서 상론했듯 주한미군은 지금 우리나라에서 유일한 전쟁 억지력이 되고 있습니다. 북은 미군을 철수시키고자 총력을 다하고 있습니다. 우리나라로서는 미군이 철수하는 일이 없도록 전력을 다해야 합니다. 그런데 현 정부가 전시작전통제권을 회수하려고 안달하고 있습니다. 만일 전시작전통제권을 이양받으면 한미연합사령부가 해체되고 UN 깃발이 내려지며, 따라서 미군 철수 가능성이 상승할 것입니다. 그러함에도 이러한 상황에 아랑곳하지 않고 전작권 회수를 추진하고 있어 안타까운 마음을 금할 수 없습니다.

그렇지 않아도 북핵 문제로 회담이 진행되고 있어 미군 철수 가능성이 있는데 이에 부채질하는 꼴이 되었습니다. 우리로서는 미군이 철수하지 않도록 하나씩 하나씩 공을 들여 조건을 쌓아가야 할 처지인데 말입니다.

이러한 때에 언론이 나서서 그 부당함을 주장함으로써 여론을 일으켜 정부가 재고하도록 해야 하지 않겠습니까. 언론이 침묵하거나 조금이라도 정부의 처사에 동조하거나 하면 안 되지요. 전작권은 언젠가 마땅히 회수해야 합니다. 시기적으로 지금은 적기가 아니기에 반대하는 것이 아니겠습니까. 북의 위협이 사라질 때까지 그냥 두는 것이 낫기 때문입니다.

또 하나 예를 들자면 제주 해군기지 조성 건입니다. 용공세력들이 북의 입장에서 그토록 난리법석을 떨며 반대한 까닭에 많은 시일이 지연되고 막대한 국가 예산이 더 소요되었습니다. 국가 안보를 위해서 국가가 하는 일은 무턱대고 반대를 해왔는데 왜 언론은 잠잠했습니까. 마땅히 용공세력의 반

〈북의 남침전략〉 155

대가 부당함을 지적해서 국가 입장을 도와주었어야지요. 국가를 도와서 전쟁 억지력을 강화해야 하지 않겠습니까. 다시는 이 땅에서 전쟁이 나지 않도록 온 국민이 한마음 한뜻이 되어 힘을 합해야 하지 않겠습니까.

    결론적으로, 우리나라 언론은 마땅히 시시비비를 가려서 공정한 보도를 해야만 합니다. 진실과 진리에 의한 대국적인 판단에서 독자적으로 소신껏 보도하는 것에 더하여 우리나라 안보에 유념해서 말입니다.

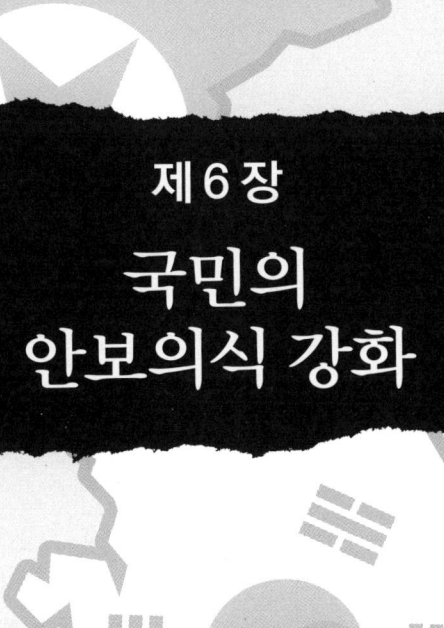

제6장
국민의 안보의식 강화

3부 요인 모두 국민이 뽑은 일꾼

이 나라 대한민국의 주인은 우리, 국민입니다. 국민이 일일이 다 할 수 없어 대통령도, 국회의원도 고용인으로 뽑았습니다. 우리가 뽑아 고용한 대통령이 일을 잘하는지 못하는지 세심히 살펴보아야 합니다. 만일 애국심이 부족하고 일을 잘하지 못한다면 다른 사람으로 교체해야 합니다. 그래서 제도적으로 5년이라는 시한을 두었습니다. 국회의원도 4년 시한으로 바꾸게끔 되어 있습니다. 일을 잘못하거나 애국심이 부족한 사람은 다음에는 뽑지 말아야 합니다. 그 모두가 주인의 권리이자 의무입니다.

대법원장도 마찬가지입니다. 제대로 하지 못하면 교체해야 합니다. 이것이 자유민주주의 제도라는 것입니다. 국민 입장으로 볼 때 얼마나 좋은 제도입니까. 자유와 인권이 최대한 보장되는 제도입니다.

북한은 봉건주의+공산주의 사회

반면 북한은 어떻습니까. 그곳은 공산주의 제도입니다. 제대로 된 공산주의도 아닌 봉건주의+공산주의의 형태를 갖춘 독재주의입니다. 세습 왕조와 같은 곳입니다. 김정은의 마음

먹기에 따라서 어느 누구나 숙청될 수 있고 강제수용소에 보낼 수도 있는 인권이 전혀 보장되지 않는 곳입니다. 마음 놓고 자유롭게 살 수 없는 지옥과도 같은 곳입니다.

지금 북한 동포들은 김정은 및 그의 측근 세력과 일당들 외에는 제대로 먹지도 못하고 아무런 자유 없이 죽지 못하여 그날그날 살아가며, 공포와 불안에 떨며, 자유와 인권이 전혀 보장되지 않는 곳에서 살고 있습니다. 그에 비하면 남한은 어떻습니까. 인권과 자유가 보장된 곳입니다. 어떤 의미에서는 지나칠 만큼 보장된 곳이라고도 할 수 있습니다. 주사파 친북주의자들의 행태를 보면 알 수 있습니다.

그런데 문제는 이렇게 자유와 인권이 보장된 사회이고 살기 좋은 곳임에도 반애국적이고 반사회적인 사람들이 많이 있다는 것입니다. 그들은 북한을 좋아하는 종북주의적인 사람들입니다. 동포들이 불행한 삶을 가까스로 영위하고 있는 북한이 좋다는 것입니다. 자유가 없고 인권이 전혀 없는 그곳이 좋다면서 반국가적인 삶을 사는 사람들입니다. 즉 종북주의자들입니다. 베트남의 베트콩 같은 사람들입니다, 한국을 반역하는 무리입니다. 국민에게 불안을 끼치고 있는 사람들입니다. 북한 동포들의 인권에 대해서는 한 마디 지적도 못 하면서 독재자 김정은에 복종하고 있는 허수아비 같은 무리입니다. 북한 간첩들의 온상이 되는 무리입니다.

만일 북한이 남침 시에는 베트콩처럼 이에 합세해서 한국을 해칠 수 있는 무리이기 때문에 불안합니다. 멋모르고 저들의 속임수에 넘어가 저들과 행동에 동참하는 좌익은 하루 빨리 저들을 떠나기 바랍니다. 반애국적인 삶을 이제는 청산하기 바랍니다.

북은 미군 철수를 위해서 핵무기를 만듦

반애국적이며 종북적인 저들의 가족 여러분들은 저들을 잘 설득해서 종북주의자들과 헤어져 건전한 삶을 살도록 힘써주시기 바랍니다. 국민 여러분은 종북주의자들에게 관심을 가지셔서 저들이 그 단체들로부터 떨어져 나오도록 각별하게 힘써주십시오. 그렇게 하는 것이 나라를 위한 것이며 전쟁을 예방하는 길입니다.

사랑하는 국민 여러분! 우리 국민은 너무나 선량하고 순진해서 자칫하면 북의 김정은 무리의 유혹에 빠질 수 있습니다. 많은 간첩이 남파해서 우리들 주위에 있을 수 있습니다. 저들을 조심하시기 바랍니다. 안보의식을 투철히 해야 합니다. 북의 김정은 무리는 호시탐탐 남침해서 적화통일하고자 획책하고 있습니다. 우리는 어떻게 해서든지 다시는 6·25동란과 같은 전쟁이 일어나지 않도록 예방해야 합니다.

그런데 김일성-김정일-김정은은 3대에 걸쳐 갖은 수단

방법을 동원해 한국을 적화통일하고자 하고 있습니다. 북한은 300만 이상의 동포들이 굶어 죽는 것을 알면서 그들을 돕지 않고 핵무기를 만들었습니다. 그것은 핵무기를 만들어 미국에 도달할 수 있는 탄도탄 핵미사일을 개발 후 미국을 위협하여 미군을 한국으로부터 철수시키기 위함입니다.

지금 미국과 북한은 북핵 문제로 회담을 계속하고 있습니다. 만일 회담이 북한 뜻대로 성공하여 종전선언을 하고 평화협정을 체결한다면 한국에서 미군이 철수할 수 있습니다. 북한이 북핵 문제를 가지고 술수를 다한다면 미국이 철수할 가능성은 다분합니다. 만일 미군이 철수한다면 북한은 지체 않고 남침할 것입니다.

만일 적화통일이 되면 한국은 노예사회가 된다

김일성이 북한을 장악한 이후 현재까지 저들은 한시도 대남 적화통일을 잊은 적이 없습니다. 국민 여러분께서도 잘 아실 것입니다. 6·25동란 때 얼마나 많은 동포가 죽었습니까. 국토는 폐허가 되지 않았습니까. 미군이 도와주지 않았다면 그때 한국은 적화되었을 것입니다. 우리는 또다시 전쟁이 나는 것을 어떻게 해서든 막아야 합니다. 그런데 북은 전쟁을 노리고 있고 한국 내에 있는 수많은 간첩과 종북주의자들은 북에 합세해서 전쟁을 일으키고자 하고 있습니다.

위의 각 장에서 적었습니다만, 우리나라는 매우 어려운 가운데 있습니다. 북과 대비해서 군사력이 열세이며 남침 땅굴이 전국 각처에 침투되어 있고 나라 내부에 수많은 간첩과 강력한 종북세력이 있으며 국민의 안보의식이 박약해 적들이 오판할 위험성이 높습니다.

만일 적이 남침해서 우리가 진다면 우리는 현재의 북한 동포들의 신세가 되지 않을 수 없고, 수많은 사람이 적의 손에 살해될 것입니다. 수많은 군인, 경찰, 공무원, 종교인, 지주, 부자, 지식인, 상인 등 아마 수백만 명이 살해될 것입니다. 우리는 그런 일이 일어나지 않도록 예방해야 합니다. 온 국민이 사생결단으로 나라를 지키도록 해야 합니다. 국군은 물론 예비군도 결사의 각오로 나라를 지켜야 할 것입니다.

주한미군의 전쟁 억지력

지금까지 우리나라가 모든 것이 취약했음에도 적의 남침을 예방할 수 있었던 것은 주한미군의 은혜입니다. 주한미군이 있기 때문에 북은 어쩌지 못했습니다. 미국의 막강한 국력과 군사력이 두려웠기 때문이며 미국의 한국방위에 대한 결의가 공고했기 때문입니다. 6·25동란 후 65년 동안 평화를 누리며 경제가 비약적으로 발전하고 자유민주주의 국가로서 행복한 삶을 유지한 것은 전적으로 미국 덕분입니다.

그런데 지금 북은 미군을 철수시키기 위해서 북핵을 가지고 미국과 흥정을 위한 회담을 하고 있습니다. 북은 미군을 철수시키기 위해 핵을 없애는 것에 동의할 수도 있습니다. 그러나 일부는 어디엔가 은닉하려 할 것입니다. 따라서 북핵 회담 과정에서 미국은 종전선언과 평화협정을 맺는 것에 동의할 수 있습니다. 그렇게 되면 미군 철수도 가능합니다.

주한미군 철수 조건

미군이 철수하게 되면 그때가 위험합니다. 미군이 철수하기 전에 일단 유사시에는 미군이 철수한다면 한국을 무력지원한다는 협정을 맺어야 하며 적어도 아래 몇 가지를 해결하지 않으면 안 됩니다. 즉,

1. 군사력을 강화해야 합니다. 적어도 북한과 대등한 군사력을 만들어야 합니다. 그러기 위해서는 많은 예산이 필요할 것입니다. 그러나 군사력 강화는 꼭 해야 할 일입니다. 온 국민이 이에 적극적으로 협력해야 합니다. 나라를 살리기 위해서 또한 우리가 살기 위해서 말입니다.

2. 전국적으로 침투한 남침 땅굴을 찾아서 무용지물화해야 합니다. 그동안 민간탐사자들이 남침 땅굴을 많이 찾았고 노하우를 알기 때문에 정부가 남굴사를 비롯한 민간 탐사자들과 함께 탐색한다면 조속한 시일 내에 발굴하여 무용지물화할 수 있습니다.

3. 국정원과 기무사, 경찰기관, 검찰(공안부) 등을 획기적으로 강화해야 합니다. 일할 수 있는 체제를 갖춘 후 충분한 예산을 주고 대우를 향상해 사기를 진작해야 하며 국내에 이미 들어와 있는 적의 지하당 간첩 세력을 일망타진해야 합니다. 그리고 주사파 등 종북세력을 무력화해야 합니다. 각계각층에 잠복해 있는 간첩들을 발본색원해야 합니다.

4. 학원에 침투한 주사파를 제거해야 합니다. 그뿐만 아니라 각계각층에 침투해서 암약하고 있는 암적인 존재들을 색출해야 합니다. 그 일은 상기한 대공기관이 해야 합니다. 지금까지 대공기관이 유명무실했기 때문에 국내 정세가 혼란하고 무법천지가 되었던 것입니다.

5. 매스컴을 정상화해야 합니다. 매스컴이 애국적이며 공정한 보도를 하게끔 촉구해야 하고 국가에 반역 활동을

하지 못하도록 기강을 바로잡아야 합니다. 매스컴 안에 잠복 중인 프락치를 제거해야 합니다. 이러한 사안이 실현되도록 국민이 강한 압력을 넣어야 합니다.

6. 국민으로부터 하여금 애국심 함양과 국가 안보에 대한 의식을 공고히 하도록 각별한 노력을 기울여야 합니다.

7. 탈북자들을 우대해야 합니다. 중국, 러시아 등에 있는 탈북자들을 모두 귀국시켜야 합니다. 그리고 북한 동포들에게 한국의 실정을 알려주고 김정은 도당들의 실패를 알게 해야 합니다.

상기와 같이 체제를 갖추고 온 국민이 합심한다면 두려울 것이 없습니다. 적이 감히 남침해 오지 못할 것입니다.

안보만 제대로 되면 시간은 우리 편입니다. 북은 자체 모순에 의하여 몇 년 못 가 무너질 것이며 평화통일도 가능합니다. 그렇게 되면 우리 민족끼리 화합하여 자유민주주의와 인권 존중과 시장경제로 말미암아 평화롭고 행복한 나라를 만들 수 있을 것입니다. 그 혐오스러운 유물사관과 계급의 적이 없는, 우리 민족끼리 서로 사랑하며 돕는 평화로운 나라에서 윤택한 삶을 살 수 있을 것입니다.

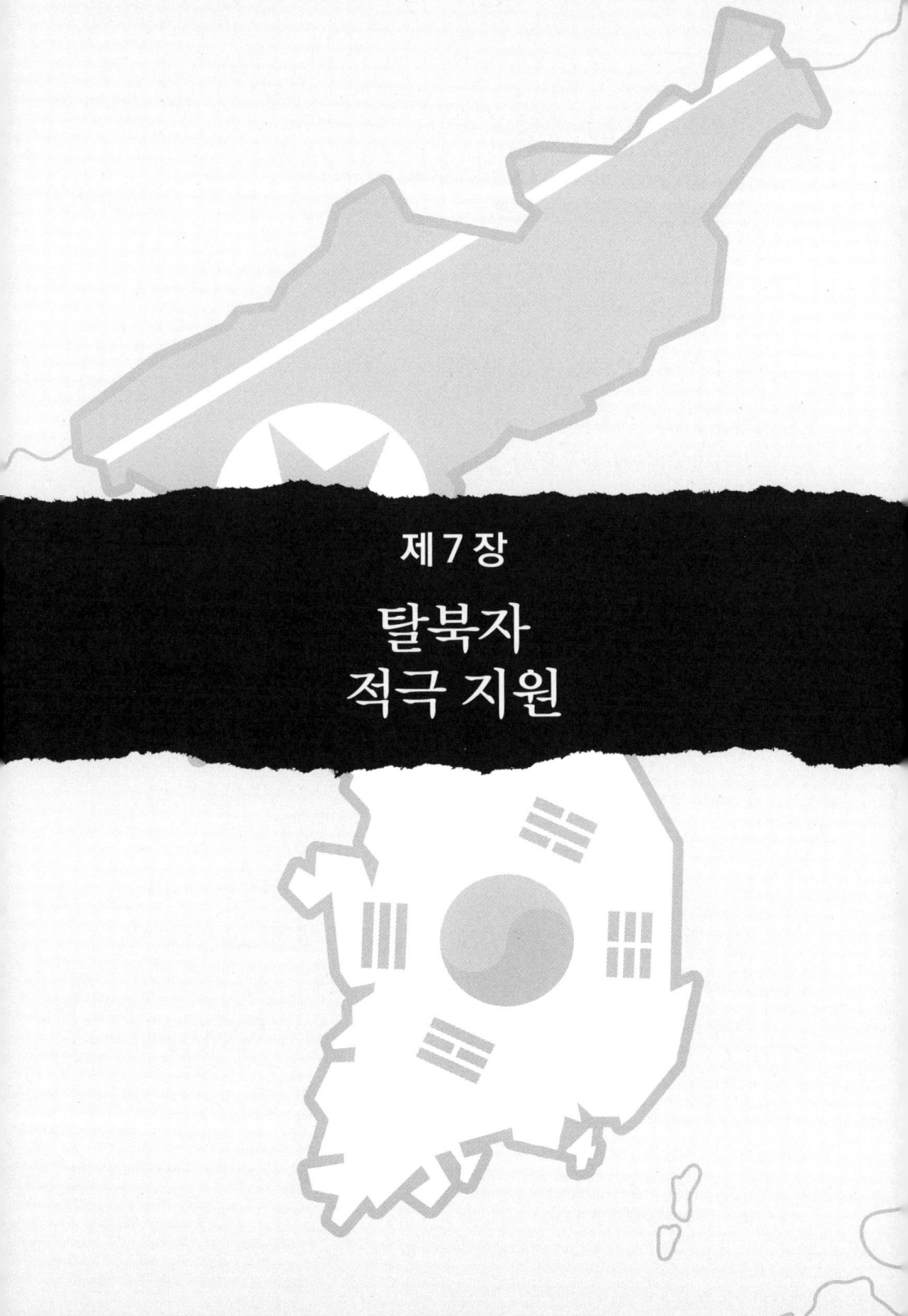

제7장

탈북자
적극 지원

탈북자는 평화통일의 희망,
그들이 잘살 수 있도록 해야

반갑고도 다행한 일은 탈북자가 현재 32,000명을 넘은 것으로 추정된다는 점입니다. 계속 숫자가 늘어나고 있습니다. 필자의 생각으로는 우리 대한민국의 희망은 이 탈북자에 있습니다. 많은 북한 동포들이 죽을 고비를 몇 번이나 넘기고 천신만고 끝에 한국으로 왔습니다. 쌍수를 들어 환영하는 바입니다. 탈북자야말로 평화통일을 이룰 수 있는 희망입니다.

탈북 동포들에 대해서 국가적으로 잘 대우해야 합니다. 한국에 잘 적응할 수 있도록 물심양면으로 잘 대접해야 할 것이며 사악한 사기꾼들의 사기에 걸려들지 않도록 잘 보살펴야 합니다. 저들은 북한 정보의 보고(寶庫)이기도 합니다.

들은 바에 의하면 저들의 대우가 충분치 못하다고 합니다. 저들이 이곳에 와서 잘 정착해서 순조롭게 살아야 하는데 그렇지 못한 것 같아 안타깝습니다. 저들이 생업을 가지고 잘 살 수 있도록 법 제정도 필요할 것입니다. 북한의 동포들에게는 탈북한 동포들이 이곳에서 잘 적응하며 잘살고 있다는 정보가 들리게 해야 합니다. 북한 동포들이 그 정보를 들어 탈북자를 더욱 동경하고 탈북의 욕구가 고취되어야 하는데 그렇지 못한 것 같아 아쉽게 생각합니다.

중국이나 러시아 등에서 방황하는 탈북자를 귀국시키도록 국가적 전력을 다해야

중국이나 러시아 등지에서 유리방황하며 온갖 고생을 하는 동포들이 30만이 넘는다고 하는데 하루빨리 이들이 한국으로 올 수 있도록 해야 합니다. 그런데 저들이 올 수 있도록 역대 정부가 적극적으로 힘을 썼어야 했는데 그렇지 못하여 참으로 유감천만입니다. 어떻게 그렇게 무심할 수 있습니까. 강력하게 중국 정부나 러시아 정부에 항의하고 요청해야 하는데 그런 흔적이 거의 없습니다.

러시아에 벌목공으로 가 있던 북한 노동자 몇 명이 직장을 이탈하여 한국에 오기를 간절히 원하는데도 한국 정부는 정치적 또는 경제적인 이유로 이를 받아들이지 않고 있다니 참으로 한심한 일이라고 생각합니다.

일부러 설득 공작을 해서라도 저들이 한국에 올 수 있도록 해야 할 텐데 오겠다고 하는데도 이를 마다하고 쓸데없는 이론을 농하고 있으니 참으로 형편없는 정부입니다.

러시아에 벌목공이 2만 명 정도이고 그 상당수, 적어도 4분의 3 정도가 한국으로의 탈북을 원할 것이라는 말도 있는데 이렇게 좋은 경우가 어디 있습니까. 러시아는 데려가기를 원하는데도 데려오지 않고 북을 염려한 구실만 찾고 있다니 말이 됩니까. 평화통일로 나아가는 기회가 될 수 있는데도 말입니다. 동포가 절망 가운데 이리저리 방황하고 있는데도 말입니다. 진정 온 국민이 분노해야 할 일입니다.

　우리 헌법에 따르면 탈북자들은 대한민국 국민입니다. 그렇다면 대한민국 정부는 헌법상의 국민이 외국에서 생존 위기를 겪는데도 방관하고 있다는 결론에 도달합니다. 자국민의 귀국을 불허하는 위헌을 저지르고 있는 셈입니다. 그러한 차원에서라도 적극적인 대책을 강구하며 실천해야 합니다.

　갖은 고생을 다하는 탈북 동포에 대해서 마땅히 손을 써야 함에도 나 몰라라 하고 방치하고 있으니 말이 됩니까. 한국 정부로서는 마땅히, 강력히 중국에 항의해서 한국에 올 수 있도록 노력해야 정상이지요. UN에 요청하고 미국에 부탁해서 그들이 난민 자격을 획득할 수 있도록 전력을 다해야 할 게 아닙니까. 비록 용공 정권이라 해도 인도적 견지에서 자기 나라의 동포들을 수수방관해서야 되겠습니까.

　이 문제를 잘 해결하면 수십만 탈북자가 한국에 올 수 있고, 그렇게 되면 북한이 무사하겠습니까. 여기에 우리의 평화통일의 길이 있습니다. 탈북자야말로 평화통일의 가장 큰 희망입니다. 이 문제를 제대로 해결하면 우리의 간절한 소원인 통일이 다가오는 것입니다. 필자 생각으로는 상기했던 남침 땅굴, 군사력, 북핵, 대남 와해 공작 등에서 많은 득점을 한 북이지만 위와 같은 전략이라면 일거에 역전될 수밖에 없으며 한국 주도의 평화통일이 이루어질 것입니다. 친북 정권인 현 정권도 이 문제를 잘 다루면 전화위복이 될 것입니다.

북한의 비인도적인 잔학한 정권이 우주 법칙에 의해 필패할 것이 명백한데 그들을 떠나 한국의 헌법과 도리를 지켜 북한 동포를 사랑하는 길로 나아간다면 얼마나 다행한 일입니까. 반역에서 애국으로, 멸망이 아닌 회생 번영의 길로 나아갈 뿐 아니라 자손만대까지 복을 받을 수 있으니 말입니다.

많은 탈북자를 받아들이는 데 있어서 필요한 예산은 국가 예산에서 우선권을 두어야 할 것이며 부족하다면 세계은행에서 융자를 받는 방법도 있고 미국 등 여러 나라에서 지원받을 수도 있을 것입니다.

북한은 인권을 무시하고 인간의 생명을 경시, 최대 약점은 인권이다

공산주의는 본래 인권을 무시하며 말살하는 주의입니다. 공산주의란 인간을 하나의 물질로 보며, 계급투쟁을 일삼기 때문에 관용의 정신, 사랑의 정신이 결여되어 있습니다. 그래서 소련이나 중공의 역사를 더듬어보았을 때, 소련과 중공 모두 공산주의를 추진하기 위하여 5천만 명이 훨씬 넘는 인민을 희생시킨 것입니다.

이렇게 인간의 생명을 경시하는 주의가 또다시 소생해서

는 안 됩니다. 북한도 마찬가지입니다. 김일성-김정일-김정은 3대를 거쳐 수백만 명을 죽인 인간도살자들입니다. 북한에는 아예 인권이 없습니다. 김일성-김정일-김정은의 마음먹기에 따라 국민을 숙청 살해하였습니다. 지금 김정은의 측근이라 할지라도 항상 전전긍긍한 삶을 살고 있습니다.

따라서 북한의 가장 치명적인 약점은 바로 인권에 있습니다. 지금도 강제수용소에는 30만 명에 이르는 북한 동포들이 개, 돼지만도 못한 삶, 언제 살해될지도 모르는 전전긍긍한 삶을 살고 있습니다. 북한은 인구의 반 이상을 적대시하여 전혀 동포로 인정하지 않고 있습니다. 그럼에도 불구하고 북한은 남한을 꾀기 위하여 '우리 민족끼리'라는 선전을 애용하고 있습니다. 우리의 멍청한 친구들은 그 말에 속아 적들의 비위 맞추기에 여념이 없습니다.

줄곧 북에 속아 무장해제하고 있는 우리나라

지금도 전국 각처에서 남침 땅굴을 계속 파고 있는데도 말입니다. 지금도 김포공항 근처인 '계양'에 가면 저들의 남침 땅굴 파는 소리를 생생하게 들을 수 있습니다. 군사력 증강에 광분하며 일선 지역에 있는 GOP를 제거하고 지뢰밭을 제거하고자 획책하고 있습니다.

실제로 파주의 경의선 도로 개통을 위하여 상호 지뢰 제거를 약속했는데 이쪽에서는 수백억 예산을 들여 지뢰 제거 기계까지 구입해 지뢰를 제거한 것에 반해 북은 말뿐 얼렁뚱땅 아직도 제거하지 않고 온갖 흉계를 다 부리고 있습니다.

상기 도로는 북의 남침 시 주공로로써 기계화부대가 물밀듯이 내려올 수 있는 도로입니다. 김대중 대통령 때에는 동 지역 일대의 전차 장애물을 모두 철거한 바 있고 우리는 계속 북측에 속아 넘어가고 있습니다. 참 한심한 일입니다.

그뿐입니까. 남북철도를 연결해서 러시아, 중국, 유럽까지 뻗어 나아가자는 그럴듯한 꼬임에 넘어가 남북철도를 연결하는 일에 착수하고 있습니다. 그 일을 제대로 하려면 북한의 노후화된 철도를 근본적으로 새로 건설하다시피 해야 합니다. 어마어마한 예산이 소요될 것이고, 그 예산은 남에서 지원해야 합니다. 지금 이 시기에 그것을 왜 합니까. 남침하려고 결정적인 시기만 노리는 북, 군사력 증강과 핵무기 만드는 데 모든 예산을 투입했던 북과 이 시기에 말입니다.

북한철도와의 연결사업은
북의 위협이 사라질 때까지 보류해야 함

그 사업은 매우 중요한 사업이고 우리 민족이 해외에 비약

하는 데 있어서 중요한 요소인 것은 확실합니다. 그러나 지금은 아니고, 남북이 통일된 후이거나 북의 위험이 사라진 후에 해야 할 일인 것입니다.

북의 위협이 최고조에 이른 지금은 때가 아닙니다. 북의 김정은은 지금 자신만만하고 사기충천일 것입니다. 3일 안에 대남 적화통일할 준비는 끝난 지 오래고, 북핵을 가지고 미국과 종전선언, 평화협정은 문제없으며 미군 철수에도 자신 있다고 생각할 것입니다. 더구나 남한에는 말 잘 듣는 친북 정권이 있고 막강한 베트콩 같은 세력이 있는데 무엇을 염려하랴, 다 된 밥상이다라고 생각할 것입니다. 이러한 시기에 엄청난 예산이 드는 일, 더구나 철로를 개통해서 유사시 수많은 인민군을 아주 짧은 시간 내에 남침시킬 수 있음에랴!

국군 최고 사령관인 한국의 대통령은 적어도 이 이상의 문제점들을 도출해서 검토하고 또 검토했어야 합니다. 그런데 그렇지 않아 보여 걱정하는 것입니다. 문 대통령은 북의 사고방식에 익숙한 것 같습니다.

북의 낮은 단계 연방제에 쉽사리 동의하고 추진하고자 하는 것을 보아 그런 짐작이 됩니다. 매스컴을 총동원해서 머지않아 남북통일이 오는 것처럼 하여 국민이 최면술에 걸린 듯 어리벙벙한 상태에서 막무가내로 밀어붙일 기세인 것 같아 몹시 염려됩니다.

공산화 통일이 아닌 한국 주도의
자유민주주의 방식의 통일을 이루자

다시 말하지만, 우리 국민들은 연방제 통일이건 무력통일이건 공산화 통일은 결사반대입니다. 어디까지나 자유민주주의 방식에 의한 우리식 통일을 원합니다. 한국의 대통령은 한국 국민의 뜻에 합당한 일 처리를 해야 합니다. 그렇게 하는 것이 마땅히 해야 할 의무요 사명이기 때문입니다.

우리는 북의 취약한 부분에 집중적으로 유의해야 합니다. 그렇게 하는 것이 안보를 지키고 평화통일을 할 수 있는 비결입니다. 그 비결은 탈북자가 계속해서 많이 오도록 하며 중국이나 러시아에서 유리 방황하고 있는 우리 국민을 빨리 귀국시키는 것입니다. 북한 동포들이 한국을 동경하게 만들어야 하며, 한국을 고맙게 생각하게 해야 합니다. 우리는 북한 동포의 인권신장을 위해 전력을 다해야 할 것입니다.

북의 흉계에 속아 해체한 일선 지역에 있던 전광판과 마이크 시설을 다시 복원·강화해야 합니다. 풍선을 북한 땅에 새까맣게 띄워 보내야 합니다. 자유 대한의 실체를 북한 동포들에게 계속해서 알려야 합니다.

또한 고(故) 황장엽 선생의 말과 같이 굶주리고 있는 북한 동포들에게 식량을 보내주어야 합니다. 남한 동포들의 이름으로 말입니다. 쌀을 보내서는 안 됩니다. 쌀을 보내면 모두

다 군대나 권력층으로 보내지고 일반 우리 동포들에게는 가지 않습니다. '옥수수'를 보내야 합니다. 이것이 우리가 보내는 사랑의 '원자탄'입니다. 옥수수를 보내야 일반 동포들의 몫이 될 것입니다. 이러한 식량 보내는 일에 기독교를 비롯한 각 종교단체, 시민단체들이 적극적으로 동참해야 합니다.

상기하였듯, 탈북 동포 지원, 북한 인권문제 해결, 전방지역 전광판 및 마이크 방송, 대대적인 풍선 띄우기, 북한 동포의 굶주림을 해결할 만큼의 옥수수 보내기를 하면 북을 조기에 무너뜨릴 수 있을 것입니다. 그렇게 해서 북한 동포들이 남한에 있는 동포들의 북한 동포들을 위한 사랑을 알게 해야 합니다. 이것이 평화통일의 지름길이라고 생각합니다.

북은 군사력으로, 남침 땅굴로, 간첩 및 종북주의자를 이용한 갖은 흉계로 한국을 적화시키고자 하나, 우리는 북한 동포들이 느낄 수 있는 '사랑'으로 상대한다면 안보문제는 물론 평화통일의 길로 나아가 우리 민족의 숙원인 '평화통일'이 이루어질 것이라 확신합니다.

단, 하나의 조건이 있습니다. 적어도 우리가 우리의 자위력을 강화할 때까지 전쟁의 억지력인 미군이 우리를 계속 도와주어야 할 것입니다.